사랑은 날개를 가진다

저자 : 송영례

1946년生
1966년 서울사대부고 졸업
1971년 서강대학교 독어독문학과 졸업
1973년~1977년 대법원 근무
영문법전 초판 〈LAWS OF THE REPUBLIC OF KOREA〉 발행 주관
1977년 도미
1979년~1985년 뉴욕총영사관 근무. 자료 및 음악공연 주관
1985~1998 뉴저지에서 Art Gallery 경영
2000년 귀국

(1982년 뉴욕총영사관 근무 때.)

사랑은 날개를 가진다

시 그리고 산문들

나의 이 작은 책자,

「사랑은 날개를 가진다」를

2024년 11월 29일

하느님의 부르심을 받아

천사들과 함께 소천한

내가 사랑하는 사람,

남편, 故 최아타나시오 봉익의

영전에 놓아 드린다.

목차

머리말 ; 우주의 탄생 ·· 10

1부. 우리는 어디에서 왔는가?
— 서시(序詩)-사랑은 날개를 가진다 ·· 14
- 사랑의 기원 ·· 16
— 누리詩 _ 사랑은 에너지이다 ··· 18
— 누리詩 _ 임금님이 하문하신다 ·· 19

2부. 우리는 지금 어디에 있는가?
- 우리는 지금 어디에 있는가? ··· 24

1) 산다는 것은? ··· 28
2) 아름다움에 내재하는 은밀한 질서들 ··································· 34
- 꽃 ·· 34
- 코스모스 ··· 38
— 누리詩 _ 두유 리멤버 미? ·· 41
- 구름 ··· 42
— 누리詩 _ 꿈 ··· 45
*눈(雪) ·· 46
— 누리詩 _ 봄 마중 ·· 51
- 별 ··· 52
— 누리詩 _ 메쎈저 ·· 57

* 달 ·· 59
　— 누리詩 _ 조각달과 둥근달 ·· 62
　• 지구 ·· 63
　　— 누리詩 _ 어떤 반란 ·· 69
　• 바다 ·· 70
　　— 누리詩 _ 멍 ·· 75
*태양 ·· 76
　　— 누리詩 _ 신제품 ·· 83
　• 빛 ·· 84
　　— 누리詩 _ 어떤 개인 날 ·· 91
　• 우리들, 인간 ·· 93
　　— 누리詩 _ 우리 모두는 ·· 98
　• 하늘 ·· 99
　　— 누리詩 _ 하늘 ·· 104

3) 영혼을 울리다

　• 파란 둥근 보석 ·· 105
　• 종소리 ·· 106
　• 맨해튼의 가을 하늘 ·· 106
　• 베토벤의 음악 ·· 106
　-바이올린 협주곡 ·· 107
　-교향곡 5번 '운명' ·· 108
　-피아노 협주곡 5번 '황제' ······································ 110
　-현악 4중주 15번 ·· 113
　-현악 4중주 16번 ·· 113

4) 추억들 ······ 116

- 초·중 그리고 고교시절

  〈상황詩들〉

  - 쑥 캐는 여자 아이 ······ 120
  - 물 긷는 여자 아이 ······ 121
  - 넘 잼 있다 ······ 122
  - 우리들의 왕초, 김 문일 오빠 ······ 124
  - 월반 ······ 126
  - 서울로 전학 오다 ······ 127
  - 빛나는 졸업장 ······ 129
  - 영어 시간 ······ 131
  - 김여옥 선생님 ······ 133
  - 학예부장 ······ 135
  - 영원한 친구 ······ 137

- 고교 그리고 대학 시절

  〈상황詩들〉

  - 어느 고교생들 ······ 140
  - 전보 ······ 141
  - 연파란 와이셔츠의 남학생 ······ 142
  - 배구 시합 ······ 143
  - 백조의 호수 ······ 145
  - 동숭동 그 길 ······ 146
  - 기쁜 우리 젊은 날 ······ 147

- 남편과의 만남에서 타계까지

  〈상황詩들〉

    - 첫만남 ·· 150
    - 청혼 ··· 152
    - 운전 면허증 ·· 153
    - 회상 ··· 157
    - 버배리 코트 ·· 158
    - 아침 식사 ··· 159
    - 산책 ··· 161

3부. 우리는 모두 어디로 가는가?

- 우리는 모두 어디로 가는가? ·· 165
  • 사후세계는 존재하는가? ·· 165
  • 임사체험자들의 증언 ·· 166
  • 허수세계 ·· 169
  • 초끈이론 ·· 170
  • 우리는 모두 어디로 가는가? ··· 171
  • 영원한 생존 방식 ··· 173
  • 재미있는 상상 ·· 173
    — 종시(終詩)-거룩한 붕괴 ·· 174

맺음말 ·· 177

머리말

우주의 탄생

고등학교 2학년 때로 기억하는데요. 어느 날 느닷없이 우주란 뭐지? 집 우(宇), 집 주(宙), 그러면 집인가? 그리곤 많은 시간이 흘러 60대에 이른 어느 날 불현 그 의문이 다시 솟구쳤습니다. 도서관을 찾아가 공부했습니다. 그랬습니다. 우주는 집, 우리 인류의 집이었습니다.

'우주는 무엇이며 그 시작은 언제인가?'라는 의문에 대한 탐구가 고대 그리스인들로부터 비롯되었다고 합니다. 천문학의 시작이라고 하는데요. 이후 코페르니쿠스에 이어 최근 타계한 스티븐 호킹에 이르기까지 약 2,600년에 걸쳐 무수히 많은 학자들의 피땀 어린 노력이 있어 왔습니다. 이들은 오직 하나의 일념, 우주에 대하여 알고자 하는 열망으로 관측하고 추측하여 몇 개의 우주론을 도출해 내기에 이릅니다. 그중 가장 신뢰받는 유일한 우주론은 '빅뱅우주론'이라고 하는데요. 우주난(宇宙卵)의 팽창을 전제로 한 빅뱅우주론(Big Bang Cosmology)을 아주 간단히 요약해 보려 합니다.

소립자(素粒子, quark, 만물을 형성하는 기본 입자)와 인플라톤(팽창

입자, inflaton)을 품은 허수시간에서의 우주난은 영점요동(零點搖動-작용하는 힘이 없어도 정지함이 없이 최소한의 거리를 움직여 간다는 양자역학의 이론)에 의해 움직여 경사면(추정)을 타고 오르면서 흔들려 인플라톤의 에너지가 확대되면서 최대점에 도달한 우주난은 급격히 경사면을 내려가면서 어마어마한 에너지를 품은 채 복소수, 즉 허수와 실수가 교차하는 지점인 특이점(特異點, Singularity, 시간=0, 공간=0이었을 때로 우주의 진정한 기원)에서 바뀐 물리 법칙에 의해 중력과 반중력이 파괴되어 중심을 잃고 폭발하여 빅뱅 우주가 되는데요. 이 순간의 폭발 속도는 빛의 속도와는 비교 자체가 안 되는 어마어마한 극초고속이며 굉음 또한 어마어마했을 거라고 합니다.

허수(虛數)란 제곱해서 음수가 되는 수로 현세에는 존재하지 않지만 우주의 기원을 설명하려면 꼭 필요하기때문에 상정된 수이며. 그리고 허수시간이 존재하는 그 어디를 '허수세계'라고 한다고 합니다.

태초(太初)의 우주난은 지름이 10^{-33}cm였다고 합니다. 아주 뽀족한 연필촉으로 백지 위에 찍은 한 점에 비할 바도 안 되는 극도의 극미한 크기입니다. 사실상 크기 '0'입니다. 그런 우주난이 10^{-43}초라는 눈 깜빡할 시간에도 견줄 수 없는 초극소의 찰나에 폭발하여 138억 년이라는 긴 시간을 지나면서 수없이 많은 상전이(相轉移, Phase Transition)를 거듭하여 진화되어 빛과 은하와 별 등 천체인 가시적인 물질과 그 반대 물질, 비가시적인 공기, 원소, 중력, 반중력, 강력, 약력 그리고 전자기력 등의 물질을 생성해 나가면서 현재 10^{29}cm라는 광활한 우주를 생성해 내었습니다. 그리고 그 안에 거할 생명체들을 출현시켰으며, 종내 우리 인류를 출생시켰던 것입니다.

우리의 우주는 나이 38만 년에 처음으로 빛을 방사하였고 88억 세가 되기 전에 은하를 형성하여 별들을 출생시켰으며, 90억 세가 되면서 지구 위에 만물을 빚기 시작했으며, 130억 세에 처음으로 인류의 조상 격인 영장류를 출현시켰다고 하는데요, 실제 인류의 출현은 지금으로부터 약 200만 년 전이라고 합니다.

장엄하고 신비한 생명체이며 오묘한 질서로 운행되고 있는 인류의 집, 우주는 이렇게 탄생하게 되었다고 보는 것입니다. '빅뱅'이란 사건을 통해 비물질의 허수시간(Imaginary time)에서 물질의 실수시간(Real time), 즉 우리의 우주가 탄생되었다고 보는 것이죠.

*　*　*

저의 진솔한 고백이 담긴 이 작은 책자는 다소 저의 자서전적이며 책 전체의 행간을 흐르는 주제는 '神의 사랑'입니다.
이 주제를 얘기하기에는 턱없이 부족한 저이지만, 그래도 이 나이가 되었으니 부족한 그대로 제 안의 그것을 이 책에 옮겨놓으려 합니다. 다음과 같이 3부로 나누고자 합니다.

  1부. 우리는 어디에서 왔는가? (사랑의 기원)

  2부. 우리는 지금 어디에 있는가? (삶)

  3부. 우리는 모두 어디로 가는가? (거룩한 붕괴, 죽음)

1부

우리는 어디에서 왔는가?

(사랑의 기원)

서시(序詩)

사랑은 날개를 가진다

날개를 접는다
안녕!

아, 사랑
神의 전령

우주 운행의 원리이시며
우주 탄생과 인류의 출현을 관장, 만휘군상의 출현 그리고
모든 생명체의 원동력이십니다
……
다시 뵐 수 있을까요?
주소라도…

원천국 허수계 특이점 -138Y번지

날개를 편다
떠나시려고요? 다른 데로 가십니까?

날개
금빛 날개

나는 처음으로 우주의 정다운

무관심에 마음을 열고 있었다.

그처럼 우주가 나와 닮아

마침내 형제처럼 느껴지자

나는 전에도 행복했고

지금도 행복하다고 느꼈다.

〈알베르 까뮈〉

사랑의 기원

 '사랑'이란 무엇일까요? 분명히 존재하지만 눈에 보이지 않아, 손에 잡을 수도 없어 증명해 보일 수 없는 이것. 골몰해 봅니다. 그리고 이렇게 정의해 봅니다. '사랑은 좋은 마음이다'라고요. 어떤 완전한 존재를 '神'이라고 할 때 완전하므로 거기에 '나쁨'이 있을 수 없지 않겠습니까. 그래서 저는 '神의 마음 = 사랑'이라는 등식이 성립된다고 봅니다.

 태초의 우주 난(卵, 알)에는 전자기력이 난무한 가운데 팽창 입자인 인플라톤(inflaton)과 만물 형성의 기본 입자인 소립자들, 즉 양자들이 들끓고 있었다고 합니다. 인플라톤은 흔들리면 팽창하면서 막대한 에너지를 산출하는 입자이고 양자들은 백분의 일 초도 쉬지 않고 종횡무진 움직이는 입자들입니다. 이 양자들은 반양자들과 투쟁, 한 찰나도 쉼 없이 쌍생성과 쌍소멸을 지속하는 야단법석의 극성을 부린다고 합니다. 투쟁의 결과, 양자들이 조금 더 살아남아 은하와 별 등의 우주를 출현시켰던 것이고요.

 그러면, 흔들리면서 팽창한다? 대체 흔들리는 건 무엇이며 왜 그럴까요? 팽창? 어찌하여 팽창할까요? 쌍생성과 쌍소멸이 지속된다고? 대체 양자들은 왜 그럴까요? 그리고 인플라톤과 양자들은 왜 거기,

우주란(卵) 안에 있었을까요? 이들의 정체는 대체 무엇일까요? 등등 끝도 없는 의문이 있을 수 있겠는데요.

저는 이렇게 봅니다. 우주 생성의 의지와 메커니즘을 포함한 우주 운행의 원리를 품고 있는 神의 마음, 즉 사랑이 이미 우주 난에 투입, 존재하고 있었다. 라고요. 그래서 저는 '사랑'의 기원은 '神의 마음'이라고 보는 것입니다. 다시 말하면 神이 사랑의 기원인 것이죠.

  사랑은 빅뱅을 통해 온 우주에 편재(골고루 퍼져 있음)하면서 우주 운행의 원리로 존재하며 모든 생명체의 원동력이 됩니다. 우주 안의 모든 생명체의 생로병사를 관장하며, 부모의 자녀들에 대한 아가페의 사랑을 낳으며, 남녀 간의 사랑을 형성하여 새 생명을 잉태, 출산케 하여 인류의 존속을 유지하게 하며 친구 등 지인 사이에 우정을 성립시켜 따뜻한 인간 사회를 구축하며 인류애를 조성하여 세계 평화와 행복을 지속시키며 끝내 자신을 방출한 神에게로 복귀시키는 신앙을 낳게 한다고 봅니다.

  '우리는 어디에서 왔는가?'라는 명제에 저는 이렇게 답하려 합니다. '우리는 모두 허수 세계에서 사랑의 우주 난을 타고 별(초신성)을 통하여 실수 세계인 이 지구상에 왔습니다'라고요.

누리詩

사랑은 에너지이다

날개를 가진 당신
사랑

빛도 별들도 은하도 전자기력도 강력도 약력도 당신을 반깁니다

그리고 보내 드립니다 그리고 다시 만납니다

지구 위에 생명을
우정을
그리고 인류애를 조성하십니다 인류를 존속시키십니다

우주 운행의 에너지이시며
만물의 원동력이신 당신
사랑
당신은 힘이십니다

만휘군상이 반깁니다

당신
사랑을

누리詩

임금님이 하문하신다

임금님이 하문하신다.
신하 1이 상답한다.

138억 년 전에 이 누리알이 생겨났다고 하옵니다. 누리알이 터져 누리가 생겨 났는데 그 누리알은 점보다 더 아주 작았다고 아뢰옵니다.

임금님이 하문하신다.
신하 1이 상답한다.

알이 터지고 싶어 터진 게 아니라고… 뭐 중력, 반중력이 망가졌다고 하옵는데, 그러니까 터지도록 돼 있었다고 하옵니다.

임금님이 하문하신다.
신하 1이 상답한다.

누리알 속의 씨앗들이 찰나도 쉬지 않고 맹렬하게 극성을 부렸다고 하옵니다. 씨앗, 반씨들이 서로 살겠다고 난리를 치면서 싸워 씨앗이 조금 더 남아 지금의 누리를 만들었다고 아뢰옵니다.

임금님이 하문하신다.
신하 1이 상답한다.

애기가 태어날 때 울음소리는 뭐 소리도 아니라고 하옵니다. 그리고 뭐, 천둥소리도 소리가 아니라고 하옵니다. 천둥소리에도 비할 수 없을 정도로 어마어마했을 거라 하옵니다.

임금님이 하문하신다.
신하 2가 상답한다.

상상누리에서 출발했다고 하옵니다.

임금님이 하문하신다.
신하 2가 상답한다.

상상누리에서는 숫자를 제곱하면 음수가 되는가 하면 사람이 막 날아다니고, 사과가 글쎄 위로 떨어진다고 하옵니다.
그리고 손수레가 저절로 굴러가고, 사자와 호랑이가 사람과 말을 하면서 서로 박장대소하는 것은 상식이라고 아뢰옵니다.

임금님이 하문하신다.
신하 2가 상답한다.

지금 우리, 사람이 만들어진 건 약 200만 년 전이라고 하옵니다. 처음 알이 터진 후 누리 나이 38만 년에 제일 처음으로 빛이 생겨났고 88억 세 전에 이미 은하가 있었고 그래서 별이 만들어졌다고 하옵니다. 그리고 90억 세에 지구 위에 만물을 만들었다고 하옵고 136억 세에 인간의 조상이 생겨났다고 하옵니다.

임금님이 하문하신다.
신하 3이 상답한다.

누리를 만든 것은 우리 사람들을 만들기 위해서 준비 작업을 한 것이라고 아뢰옵니다.

임금님이 하문하신다.
신하 3이 상답한다.

누리알 속에 '사랑'이라는 것이 있었다고 하옵니다.

임금님이 하문하신다.
신하 3이 상답한다.

그것은 우리 사람들 눈에는 보이지 않지만, 온 누리에 골고루 퍼져 온 천하만물에게 날아 와 다가온다고 하옵니다.

임금님이 하문하신다.
도승지가 상답한다.

지금까지 살다 간 사람들 중에 또 지금 살고 있는 사람들 중에

그걸 아는 사람은 단 한 사람도 없다고 하옵니다.

도승지 및 좌우로 도열하여 고개 숙인 신하들…

도승지가 상문한다.
임금님이 하답하신다.

맞아요. 짐도 왜 우리 인간을 만드셨는지를 알고 싶은 게요.
누리님의 생각 말이요.

2부

우리는 지금 어디에 있는가?

(삶)

우리는 지금 어디에 있는가?

우리는 지금 약 46억 년 전에 생성된 지구에서 절대적으로 태양에 의존하며 달을 이웃하여 살아가고 있습니다. 우리 지구와 인류는 태양계의 한 가족인 동시에 우주의 한 일원인 것이죠.

현재 우리는 아인슈타인의 정적인 우주에서 살고 있다고 합니다. 우주는 인류를 포함한 다양한 생명체들에게 필수적인 물질 생성의 기본 작업을 다 마쳤다고 보는 것입니다. 우리 인류는 그저 지금까지의 방식 그대로 살아가기만 하면 된다는 말일 것입니다.

그러면 우리의 지구는 마냥 안전하기만 할까요? 아니라고 봅니다. 인간 스스로가 핵을 만들어 위험을 자초하고 있습니다. 지구의 자원을 악용하는 것이죠. 그리고 생명체 지구 내부 속의 들끓고 있는 마그마는 언제 분출할지도 예측 불가합니다. 이 화산들의 분화는 핵과는 비교할 수 없으리만큼 위험천만하여 언제라도 지구의 종말을 맞을 수밖에 없다는 것이 현 지구가 맞닥뜨리고 있는 운명입니다.
그런데 또 있습니다. 바로 기후 변화인데요. 이것은 우리 인간이 스스로 우리의 멸망을 자초하여 재촉하고 있는 것입니다. 지구 온도가 섭씨 3도만 올라가도 지상의 모든 것은 물에 잠겨 사라지고 마는데요. 현재

산불이나 폭풍우, 해양 생물들의 우왕좌왕하는 행태는 우리의 지구가 이미 온실화되었다는 증거입니다. 18세기 후반의 산업화로부터 지금까지 끊임없이 분출되고 있는 '탄소'가 원흉인데요. 우리 인류는 어찌하여 이것을 중단할 수 없는 것일까요? 더구나 우리 인류의 생명줄이며 허파라고 할 수 있는 아마존을 20% 이상을 파괴한 인간들의 행태는 매우 개탄스럽습니다. 인류 스스로가 지구 멸망을 향해 가속 페달을 밟고 있는 것입니다.

현재 약 1도쯤 상승한 상태이니 아직 기회가 있다고 합니다. 정치인들을 비롯하여 온 인류가 각성하여 바로 잡을 때입니다. 바로 즉시 브레이크 페달을 밟아야 할 때입니다.

그리고 또 오늘날 미세플라스틱이 인간의 생명을 위협하는 물질로 대두되고 있는데요, 현재 이 미세플라스틱은 이미 온 지구를 훑고 침투해 있다고 합니다. 구름 속에서까지 발견되었다고 합니다.

이러한 현상은 플라스틱 쓰레기에서 유발되는데요, 현대인의 생활에서 필수요품이 되어버린 플라스틱의 쓰레기가 바다에 버려지고 그 플라스틱의 분해 과정에서 분출되는 미세플라스틱은 플랑크톤의 먹이가 되고 그 플랑크톤을 생선들이 먹게 되고 그 생선들은 인간의 식탁에 오르는 악순환이 연속되는 거죠.

결국 인간의 몸 내장 등에 미세 플라스틱이 이미 침투해 있다고 합니다.

유일한 해결 방법은 '플라스틱 사용 중단'일 텐데요, 인간 생활의 99(?)퍼센트를 지배하고 있는 플라스틱 사용 중단이 가능할까요?

위험한 길인 줄 알면서도 그 길을 가고 있다는 것 아니겠습니까?

플라스틱은 태울 수도 없다고 합니다. 유독가스를 분출하니까요. 정말 상당히 심각한 문제가 아닐 수 없다고 봅니다.

이 지구상에 태어나 삶을 살다 간 사람이 약 1,000억 명 이상이라고 하지요. 이 1,000억이란 숫자는 참으로 묘하기도 합니다. 우주 안에는 가시적인 은하만 해도 약 1,000억 개 이상에 달하며 그 은하마다 운행되고 있는 별들도 약 1,000억 개 이상이라고 합니다. 그러니까 우리가 속한 태양계가 있는 은하 속에 만도 태양보다 크고 작은 별들이 약 1,000억 개 이상이 된다는 말입니다. 우리의 우주가 얼마나 광활한지를 짐작해 볼 수 있을까요?

저는 이 장을 다음과 같이 나누어 보려 합니다.

1) 산다는 것은?
2) 아름다움에 내재한 은밀한 질서들
3) 영혼을 울리다
4) 추억들

우리 모두는

노력하는 한 방황한다

〈괴테〉

1) 산다는 것은?

　우리가 산다는 것은 삶을 영위해 나간다는 것으로 매 순간 숨 쉬며 무엇을 해야 하나를 생각하며 움직여 먹을 것과 입을 것과 주거지에 대한 걱정에 더하여 자녀들의 교육과 직장 문제 그리고 결혼까지 심혈을 기울여 노력하며 생활하는 것일 것입니다. 이러한 생활의 연속이 삶이며 그것이 포개져 인생을 형성할 것입니다. 그러다 보면 어느 날 늙어 있겠고 그렇게 느낄 때는 죽음을 앞두고 있을 것입니다. 이러한 모든 것이 우리 인간들 모두의 공통된 삶이라고 여겨집니다.
　그렇다고 해서 우리의 삶이 이렇듯 메마르기만 한 건 아니라고 봅니다. 간간이 부는 산들바람이 있습니다. 기쁘고 즐거운 일이 있을 수도 있습니다. 좋은 연인을 만나 청춘의 기쁨을 구가할 때나, 자녀를 출산했을 때나, 계획했던 일이 성취되었을 때나, 자녀들이 바라던 학교에 가고 직장을 구했을 때나, 부모님이 건강하고 만족하며 살고 계시다는 안도감이 있어 우리의 인생은 살만하여 즐거울 것입니다.
　거기에다 자연(自然)이 주는 행복감은 그 어떤 것과도 비교할 수 없을 것입니다. 눈물겹도록 푸르고 높으며 맑은 하늘 하며, 석양의 붉은 노을 하며, 검푸른 밤하늘의 빛나는 별들 하며, 끝없이 펼쳐진 대양의 은빛 물결 하며 그리고 새벽의 싱그러운 대기며, 이른 봄에 불어 오는 서늘한 바람의 훈훈함이며, 내리쬐는 태양빛 아래 늘어진 풍성함이며, 늦가을의 이리저리 휩쓸리는 낙엽이 주는 고독한 행복감이며, 만추의 찬 바람이 불러오는 삶의 쓸쓸한 긴장감이며, 눈 내리는 밤의 탄성어린 포근함 등이 있어 우리의 인생은 아름답다 할 것입니다. 이래서 「혼불」의 저자 최명희

씨는 젊어 세상을 떠나면서도 "아름다운 세상 잘 살다 갑니다."라고 할 수 있었던 거라고 봅니다.

그러나 우리의 삶이 마냥 즐겁고 기쁜 일만 있는 것이 아님을 저도 여러 다른 분들도 알고 계십니다. 지금 이 시간에도 병고에 시달리고 있는 수많은 사람들이 있으며, 이 순간에도 죽음을 맞고 있는 수없이 많은 사람들이 있습니다. 그 죽음 앞에서 어찌할 수 없는 무력감에 아파하며 무거운 그 상황을 지켜만 보며 애통하는 많은 사람들이 있습니다. 장례를 치른 후 망자가 남기고 간 자취에 억장 무너지는 비통함을 어찌할 수 없이 감수해 내야만 하는 고통의 삶을 살아 내는 사람들도 계십니다. 이러한 모든 삶을 감내해야 하는 인간의 숙명을 우리는 작은 가슴으로 떠안은 채 살고 있습니다.

이뿐 아닙니다. 어떤 분들은 인간관계로 인한 분노가 치솟아 잠을 설치는 긴 밤이 있으며, 배신한 연인에 대한 증오가 끓어 올라 견딜 수 없는 나날이 있으며, 하루아침에 재산을 다 잃었다거나 직장을 잃었다거나, 자녀들이 방탕한다거나, 하던 일이 실패했다거나, 등의 수없이 많은 좌절과 고통이 우리의 삶 속에 도사리고 있는 것입니다. 이러한 갖가지 상처로 점철된 삶을 사는 우리, 사람들은 '인생은 고해(苦海)를 떠도는 일엽편주'라는 말을 저절로 내뱉게 되는 것입니다.

그럼 이렇듯 총체적으로 불합리한 삶은 어떻게 살아 내야 할까요? 저는 이렇게 생각합니다. '일단 우리의 부질없는 삶을 인정하고 수용하자. 그리곤 극복하여 가치 있는 삶을 살아가자'라고요.

부질없는 삶 - '부질없는 삶'을 그린 까뮈의 작품「시지프의 神話」의 내용입니다. 주인공 시지프(Sisyphe)는 제우스 神이 다른 어떤

神의 딸을 납치했다는 사실을 그 神에게 알려 주었기 때문에 제우스로부터 무거운 바위를 산꼭대기까지 밀어 올리는 벌을 받습니다. 그런데 그 바위는 산꼭대기에 도달하면 바로 산 아래로 떨어집니다. 그러면 시지프는 산을 내려와 그 바위를 산꼭대기까지 밀고 올라갑니다. 이 일을 끊임없이 반복하는 시지프의 몸은 마비될 듯 고통스러웠을 것이며 차는 숨에 헉헉대었을 것입니다. 몸에 밴 땀은 또 어땠을까요? 그래도 이 작업은 끝도 없이 무한히 계속되어야 하는 벌이었습니다.

많은 인문학자들은 이 내용이 우리의 삶과 흡사하다고 합니다. 떨어질 바위임을 알고도 온갖 힘을 다해 밀고 올라갈 수밖에 없는 것은 부질없고 헛된 줄 알면서도 열심히 삶을 살아 내는 우리 인간들의 모습이라는 겁니다. 내용 중 제가 관심 가지는 부분은 시지프가 떨어진 바위를 가지러 산을 내려오고 있을 때입니다. 앞서 언급한 산들바람이 부는 시간일 것입니다. 간간이 부는 바람에 땀을 식혀 가며 목 운동도 하면서 또 손가락을 쥐었다 폈다 하면서 마음껏 숨을 내쉬는 워밍업의 시간, 자유의 시간이 될 것인데요, 시지프에게 연민을 느끼게 됩니다. 그는 내려오면서 과연 무슨 생각을 하는 것일까? 시지프에 있어 산을 내려오는 그 시간은 우리가 잠자리에 누워 잠들 때까지 하루를 되돌아보는 그 시간과 아침에 눈을 뜬 후 그 날의 계획을 세우는 그 시간과 같지 않을까요?

극복의 삶 - 우리 모두는 부질없는 삶인 줄 알면서도 그 삶을 열심히 살아갑니다. 어떤 분들은 생존 경쟁에 지지 않으려고 치열하게 살아 가지요. 그런데 이렇게 분주한 삶 틈틈이 엄습하는

'공허감'을 우리는 어떻게 해야 할까요? 인위적으로 밀어낼 수 있을까요? 여기에서 저는 신앙의 힘을 말하려 합니다. 신앙만이 우리의 이러한 공허감을 극복할 수 있다고 생각하기 때문입니다. 신앙(信仰)이란 '믿어 우러러보다'는 의미로 이것은 인류 및 우주 만상의 기원인 '궁극의 힘'의 존재함을 인식하여 수용하는 데서 비롯된다고 봅니다. 이것은 결코 신들림이 아니며 광기는 더욱 아니며 환각도 아닙니다. 바르고 냉철한 시각으로 우주를 바라보면서 그것을 가능케 한 '궁극의 힘'을 받아 들이되 자신의 이성(理性)과 사유(思惟)가 바탕이 되어야 한다고 생각합니다. 이렇게 철학적이고도 과학적인 신앙을 바탕으로 한 삶을 영위해 나간다면 부질없고 속절없는 우리의 삶을 극복할 수 있지 않겠는지요?

가치 추구의 삶 - 가치를 추구하는 삶이란 부질없는 삶의 공허함을 신앙으로 극복해 나가면서 어느 한 분야 또는 다수의 분야에 가치를 두고 그 가치를 구현해 나가는 삶이라고 생각합니다. 그러면 어디에 가치를 두어야 할까요? 그것은 각자가 타고난 재능이나 소질에 따라 판단되어야 한다고 봅니다. 어떤 분야에 재능과 자질이 있으면 그 분야를 가장 좋아하게 되고 또한 가장 하고 싶어 하며 가장 잘 해낼 수 있기 때문입니다. 그리고 그 일이 사회와 국가에 이바지할 수 있어야 하고요. 또 그 일을 해 나가면서 자신이 재미를 느끼면서 만족하는 게 가장 중요하다고 봅니다. 이렇게 살아간다면 그 사람의 삶는 행복하다고 할 수 있지 않겠습니까?

아름다움은 감추어진 법칙에 대한
하나의 표현이다. 만일 아름다움으로
나타나지 않았다면 그러한 자연법칙은
영원히 우리에게 알려지지 않았을 것이다.

〈괴테〉

요즈음 사람들은 참 바쁘게도 살아갑니다.

일상을 영위해 가면서 조금의 여유도 없이 습관대로 살아가고 있습니다. 그러나 잠시만 둘러보면 우리들이 살고 있는 이 세상은 '아름다움'으로 가득 차 있음을 알 수 있습니다.

인간은 아름다운 세상의 일부이면서도 이것의 주체가 되기도 하겠습니다.

그래서 저는 이 아름다움을 열한 종류로 나누어보고 또 그것들에 대하여 좀 알아보려 합니다. 즉 꽃, 구름, 눈(雪), 별, 달(moon), 지구, 바다, 태양, 빛, 우리들 인간 그리고 하늘이 그것인데요.

이들은 우리가 알지 못하는 경이로움을 지니고 있습니다.

은밀하고도 오묘한 질서 속에서 존재하고 있는 것이죠.

정말로 놀라지 않을 수 없습니다.

2) 아름다움에 내재하는 은밀한 질서들

― 꽃 ―

듀센의 미소 - 저에게 선명한 기억으로 남아 있는 얘기가 있습니다. 대학을 졸업한 해에 도봉구 미아동에 거주하면서 독서실을 경영하고 있었는데요, 산책을 가끔씩 했었습니다. 집에서 나와 큰 골목길을 벗어나면 6(?)차선의 큰 차도가 있었고 건너면 대지극장, 거기서 수유리 쪽으로 향하다 작은 골목으로 들어가 구불구불 가노라면 산이라고 하기에는 좀 부족한 그런 언덕을 만납니다. 어느 날 언덕 위에 올라 아래를 내려다본 저는 순간 경악하고 말았습니다. 작은 개울을 가운데로 양편으로 거의 100(?)m 정도로 죽 벋어 만개한 들국화의 행렬이 있었습니다. 소박하고 풍성한 보라색의 향연, 저에게는 하나의 사건이었습니다.

내려가 봅니다. 꽃잎을 들여다봅니다. 저절로 미소가 나옵니다. 꽃들은 이렇게 우리들에게 미소를 자아내는데요. 의도하지 않은 자연적인 미소, 이것을 '듀센의 미소'라고 한다고 합니다. 듀센이란 분이 이러한 미소를 체험한 걸 '듀센의 미소'라고 사람들이 명명했다고 합니다.

저는 이제 꽃들이 지니고 있는 보옥의 자연 질서를 한번 열거해 보려 합니다.

수분, 종족 보존의 본능 - 꽃이란 존재가 다양한 색깔과 개체 특유의 향기를 지니고 있는 것은 자신의 종족 보존과 번식에 이것들이 지대한 영향을 미칠 것이라는 것을 알고 있는 그들만의 자구책이라고 합니다. 매혹적인 색깔 그리고 은은한 또는 강렬한 내음을 뿜으면서 벌어나 나비 등 곤충들을 유혹하여 수분(授粉-꽃 식물의 암꽃술에 수술 꽃의 꽃가루를 붙여 주는 일)을 유도하기 위함이라고 합니다. 종족 보존의 본능은 우리 인간들 뿐만 아니라 이렇듯 꽃, 식물에게도 있다고 합니다.

상생, 탄소동화 작용 - 꽃들은 우리가 익히 알고 있듯이 땅에 뿌리를 두어 습기와 원소들을 빨아올리고 잎들은 공기 중의 이산화탄소를 취하면서 태양의 빛을 받아 탄소동화작용이라는 광합성을 통하여 자양분을 만들어 생명을 유지합니다. 이 광합성으로 배출되는 산소는 우리 인간의 호흡에 꼭 필요한 원소로 우리의 생명에 절대적으로 필요한 원소이며 또 우리의 호흡작용으로 배출되는 이산화탄소는 식물의 생존에 꼭 필요한 원소이니 우리 인간과 식물들은 서로 상생하고 있다고 봅니다.

기회균등의 민주주의 - 꽃들이 그 개체 특유의 향기와 색깔을 지니고 있는 것은 좀 더 들여다보면 아무리 화려한 색깔과 매혹적인 향기를 내 뿜는다 해도 벌, 나비 등의 매개체가 다 그쪽으로 쏠리는 것은 아니라고 합니다. 그것은 매개체마다 자신들이 좋아하는 향과 색깔이 있기 때문이라는 것인데요, 예를 들면 벌들은 빨간 색맹으로 태어난다고 합니다. '기회균등'의 민주주의가 실현되는 것일까요. 어떠한 매개체도 모든 꽃을 독점할 수 없도록 하는 고도의 질서가 자연 속에 존재하고 있다고 봅니다.

어떤 배려 - 이 지상에는 다채롭고 다양한 꽃들이 무수히 존재하지만, 녹색 꽃은 한 종류도 없다고 합니다. 이것은 식물 자체가 매개체로 하여금 생식기관인 꽃과 잎을 구분할 수 있도록 하는 어떤 배려로 여겨집니다. 놀랍습니다.

좌우대칭 - 그런데 아무리 찬란한 색갈을 지녔고 매혹적인 향기를 내뿜는 꽃이라 할지라도 자태가 예쁘지 않으면 한계가 있을 것입니다. 예쁜 자태를 연출하기 위해서는 균형이 유지되야 될 것이고요. 구조적인 균형을 이룬 형태적인 아름다움이 무엇보다 중요할 텐데요, 바로 대칭구조 즉 좌우 대칭이 되어야 한다고 학자들은 말하고 있다고 합니다. 그런데 이 지상의 꽃식물들은 모두 좌우대칭을 이루고 있다고 합니다. 그리고 이 '좌우대칭'은 건축학에서도 적용이 되고 있다는 것이고요.

피보나치 수열 - 이제는 꽃잎의 장(張) 수 얘기입니다. 아라비아 숫자인 1에서 9까지에 '0'을 더한 십진법을 최초로 유럽으로 들여온 학자, 레오나르도 피보나치는 12세기 이탈리아의 피사 출신으로 중세 최고의 수학자로 뽑히고 있다고 합니다. 그의 이름을 딴 '피보나치 수열'의 존재는 오랜 옛날 산스크리트 문서에 이미 기록된 바 있으며 인도 수학자들의 기록에도 이미 등장했었다고 합니다.
피보나치수열이란 1부터 시작하여 앞의 수를 하나씩 더해 가는 원리입니다. 즉 1에서 0을 더하면 1, 1에서 앞의 숫자 0을 더하면 1, 1에다 앞의 숫자 1을 더하면 2, 2에다 앞의 숫자 1을 더하면 3, 3에다 앞의 숫자 2를 더하면 5, 그래서 0, 1, 1, 2, 3, 5, 8, 13, 21, 34, 55…가 되는 것인데요. 오묘하게도 지상에 존재하는 꽃잎의 장 수가 모두 이 수열을 따르고 있다는 것입니다. 그러니까 이 외의 숫자, 6, 7, 9, 10, 11, 12… 개의 꽃잎 장수의 숫자는 세상이 무너져도 존재하지 않는다는 것입니다. 어떻게 이런 일이 가능할까요? 참으로 놀랍습니다.

황금비율 - 이번에는 황금 비율과 나선 얘기인데요. 피보나치 수열에서 황금비율이 탄생됩니다. 즉 피보나치수열 중 무작위의 어떤 수라도 택하여 바로 앞의 수로 나누면 1.618… 이라는 무한 수가 나오는데요, 이 수를 '황금 수'라고 한답니다. 이 수가 우리 자연 만물의 대부분을 지배하고 있기 때문에 '황금비율'이라고 칭한다고 합니다. 예를 들어 조개껍질의 소용돌이 무늬라든지 나뭇가지에 달린 나뭇잎의 배열 그리고 우리 인체의 모양까지도 그렇다고 합니다. 우리 몸의 상체와 하체의 비가 황금비율 즉 1:1.618이 될 때 가장 안정된 포즈로 가장 아름답다고 합니다.

해바라기 씨앗 배치 구조는 완벽하게 피보나치수열을 따른 이중 나선의 모양을 취하고 있다고 합니다. 인접한 피보나치수열 두수인 34와 55는 오른쪽과 왼쪽으로 회전하는 각각의 나선 수가 되며 황금비의 구조를 이루고 있다고 합니다. 이것은 빈틈없이 씨앗을 가득 채우기 위해 해바라기 자신이 고안해 낸 생존방식 및 종족 보존 방식의 기하학적 구조라고 하는데요, 이 원리는 피보나치수열 중 그 숫자를 달리할 뿐 지상에 존재하는 모든 꽃에도 적용된다고 하니 그저 놀랍기만 합니다.

코스모스

　이렇게 은밀하고도 오묘한 질서를 지닌 꽃들 중 제가 가장 좋아하는 꽃이 있는데요, 바로 8개의 꽃잎을 가진 코스모스입니다. 저의 코스모스 애호는 정말이지 말 그대로 타의 추종을 불허한다고 할까요. 미국 시골에 사는 어떤 한국 분은 자장면이 먹고 싶어 왕복 6시간을 운전해 L.A.에 다녀왔다고 합니다. 그런데 이건 이야기도 아닌 셈입니다. 저는 오직 코스모스만을 보려고 비행시간만 왕복 32시간의 한국을 다녀왔었으니까요.

　코스모스(Cosmos)는 원래 멕시코 고원에서만 피는 꽃으로 '순결' 또는 '처녀의 진심'이 꽃말이며 우주 또는 조화를 뜻하는 그리스어라고 합니다.
중학교 때 교정에 핀 코스모스를 좋아하게 되어 지금까지 이어지고 있는데요. 저희보다 훨씬 큰 키의 꽃 무리에 학우들과 파묻히기도 했습니다. 당시 흑백이었던 사진도 찍었습니다. 구부러진 줄기는 저희들이 일어나면 따라 일어나 꼿꼿이 다시 서곤 했습니다.
고등학교에 가서는 2학년 7반이었는데요, 저의 교실은 텃밭 같은 땅이 붙어 있는 별관에 있었고 위층은 도서실이었습니다. 지금 생각하면 극성이었는데요, 청계천 시장에 가서 코스모스씨를 사 왔습니다. 그리고 밭을 일군 뒤 씨를 뿌리고 가을을 기다렸습니다. 그랬더니 쭉쭉 뻗은 예쁜, 각 색깔의 코스모스가 무리를 이룬 게 아니겠습니까? 60여 명의 학우들이 점심시간에 모두 나와 기념사진도 찍고 수다들도 떨었던 기억이 새롭습니다. 이 코스모스 덕분인지 그해 우리 반이 환경미화 심사에 전교 1등을 차지했었습니다. 그 학우들 그리고 그 코스모스들이 그립습니다.

미국에 온 후 한동안 코스모스를 잊고 살았습니다. 그러다가 뉴저지 주로 옮기게 되었습니다. 어떤 분이 Fort Lee에 있는 한인 식당 「예전」 입구에 코스모스가 있다고 해서 가 보았습니다. 정말 있긴 했는데, 화분에 심은 몇 그루⋯. 실망한 나머지 한국에서 코스모스 씨를 공수해 와 앞마당에 뿌렸습니다. 그랬더니 온 마당에 코스모스 꽃이 피기 시작했습니다. 그런데 사슴이란 녀석들이 밤마다 와서 갓 피어난 꽃송이들을 똑똑 따 먹는 것이었습니다. 할 수 없어 남편이 불침번을 서고 허수아비 같은 것을 만들어 세워 놓았습니다. 그런데도 한계가 있었습니다. 워낙 2에이커가 넘는 마당이었으니까요. 그리고 동네 분들이 허수아비 치우라고 난리가 났었습니다.
그래서, 아까 말씀드린 바와 같이 순전히 코스모스를 볼 목적으로 한국에 왔는데 마침 그해가 흉작이라고 하지 뭡니까.

한국에 정착한 뒤 횡성에 코스모스 축제가 열린다고 해서 갔었습니다. 그런데 옛날 그 모습이 아니었습니다. 무리를 이루고 있었지만 엉성하고 인위적인 게 보이고 하나같이 난장이었습니다. 자연스레 쭉쭉 뻗는 모습이 아니었습니다. 구리 일대에 핀 그것들보다도 못했습니다. 저의 코스모스 여정은 여기서 멈출 수밖에 없었습니다.

남편은 제가 딱해 보였는지 조화라도 사 오자고 합니다. 남대문

시장에 갔습니다. 정말로 생화처럼 만들어 놓은 조화를 만났습니다. 색깔도 잎사귀도 생화와 조금도 다름이 없었습니다. 그날 색깔별로 사온 코스모스들이 지금 집 꽃병에 꽂혀 있습니다. 생화처럼 자연스럽습니다.

누리詩

두 유 리멤버 미?

날 추억는가?
그대, 코스모스

널 바라보며 미소 짓던 나를,
네게 살며시 다가가 입맞춤하던 나를,
수줍던 널 조심스레 만져주던 나를,
살랑이는 널 혹여 부러질까 염려하던 나를,
이슬 먹은 널 혹여 시릴까 맘 졸이던 나를,
홀로 핀 너를 외로울까 아파하던 나를,

코스모스 그대, 날 보았는가?
네가 보고파 가을날들을 이리저리 헤메이던 나를

이제 다시는 널 보지 못하리
그때의 그대를

코스모스, 그대
날 그리워하는가?

내가 널 그리는 것처럼

구름

　구름이 떠도는 하늘은 지상에서 약 10km의 높이라고 하는데요, 지표면에서 증발한 수증기가 저온의 공중에서 냉각되어 아주 작은 물방울이나 빙정(氷晶)이 되어 모여 있는 상태가 구름이라고 하지요. 즉 여러 다른 모양과 크기의 물분자들의 모임인 것이죠. 그리고 이들 물방울과 빙정들이 순환하면서 충돌하여 더 큰 물방울이나 얼음 알갱이가 되어 무거워져 떨어지는 현상이 비 또는 눈이나 우박의 형태로 나타나는 것이라고 합니다.

구름은 하얀색이었다가 또 회색이 되는가 하면 아주 어두운 색이 되기도 하면서 다양한 모습 또한 연출하여 예로부터 수많은 시인 등 예술가들에게 영감을 불어 넣는 존재였다고 하죠. 구름의 색깔이 하얀 것은 다양한 크기의 물 분자가 각기 산란하는 빛 역시 다양하기 때문에 그 여러 빛이 모두 모여 전체적으로 희게 보이는 것이며 그것의 색이 어두운 것은 물의 입자가 커져 흡수되는 빛의 양이 산란하는 빛의 양보다 많기 때문이라고 합니다.

먹구름이 비를 내리는 이유는 입자가 더 커져 무거워졌기 때문이라고 합니다. 이렇듯 구름은 은밀한 질서를 품은 채 방랑하는 나그네처럼 부유하고 있답니다.

　방랑하는 나그네 - 문득 그리고 때때로 하늘을 올려봅니다. 더없이 높아 전혀 닿을 수 없을 것 같은 푸른 색의 커튼이 드리워져 있습니다. 그리고 그것을 배경으로 여기저기에 펼쳐져 있는 하이얀 물체를 봅니다. 아, 구름! 그런가 했더니 이 부드러운 솜사탕은 회색으로 변해가면서 서서히 다른 모양을 만들어 가고 있습니다. 사이사이로 드러나는 푸른 색이 더욱더 푸르러 마치 호수처럼 보입니다. 구름은 이렇듯 모양과 색깔을 바꾸어 가면서 하늘과 지상 사이를 부유합니다. 방랑하는 나그네. 우리의 인생도 이것에 비유할 수 있을까요? 그때그때 모양을 바꾸어 살아가면서 나름의 흔적을 남기곤 이 땅을 떠나는 우리처럼 구름도 눈과 비 등을 남기고 사라집니다.

구름은 비행기 안에서 내려 볼 때와 누워 팔베개하고 올려볼 때와 그저 앉아 바라볼 때와 서서 바라볼 때와 모두 같은 모양의 그것이라 할지라도 각각 다르게 느껴지는데요. 독일의 대문호 중의 한 사람인 헤르만 헤세(Hermann Hesse, 1877~1962)는 구름에 대해 어떻게 감동했는지를 소개해 드리려 합니다.

헤르만 헤세의 구름 - 헤세는 그의 처녀작 「페터 카멘진트(Peter Camenzind, 1904)」에서 주인공 페터의 입을 빌려 다음과 같이 구름을 예찬하고 있습니다. 김주연 옮김인데요, 20쪽에서 22쪽까지 이어집니다.

'이 넓은 세상에 나보다 더 구름을 잘 알고 나보다 더 구름을 사랑하는 사람이 있다면 보여 달라! 혹은 이 세상에 구름보다 더 아름다운 것이 있다면 보여 달라! 구름은 유희이고, 눈의 위안이고, 축복이고, 신의 선물이며, 그들은 분노이고 죽음의 힘이다. 그들은 갓 태어난 아기의 영혼처럼 부드럽고 연약하여 평화스러우며, 천사처럼 아름답고 풍요롭고 너그러우며, 죽음의 사자처럼 어둡고 피할 수 없고 용서가 없다. 그들은 엷은 층을 지어 은빛으로 움직이며, 웃으면서 황금빛 테두리의 흰색으로 항해하며, 노랑 빨강 파랑 색깔 안에서 쉬며 서 있다. 그들은 살인자처럼 음울하게 천천히 기어가고, 내달리는 기수처럼 머리를 쳐들고 솨솨 소리를 내며 질주하고, 창백한 하늘 높은 곳에서 기운 없는 사람처럼 슬프게 걸려 꿈꾼다. 그들은 행복한 성의 모습이기도 하고, 축복받은 천사의 모습이기도 하고, 위협하는 손, 펄럭이는 돛, 방랑하는 학과 비슷하기도 하다. 그들은 인간이 갈망하는 모든 것의 아름다운 표상으로서, 하느님의 하늘과 가련한 땅 사이를, 그 양편에서의 모두에 속하면서 떠돌아 다닌다 — 그들은 펄럭이는 영혼을 무구한 하늘 쪽으로 향하고 있는 대지의 꿈이다. 그들은 모든 방랑, 모든 탐색, 갈망 그리고 향수의 영원한 상징이다. 그리고 그들이 하늘과 땅 사이에서, 수줍어하고 그리워하며 고집스럽게 걸려있는 것처럼, 인간의 영혼은 시간과 영원성 사이에 걸려 있다.

오, 아름답고 끊임없이 떠도는 구름이여! 나는 철없는 아이 때부터 구름을 사랑하여 들여다보았다. 나 자신도 하나의 구름으로서 인생을 떠돌아다닐 것이라는 사실을 알지 못한 채 - 방황하며, 어디를 가든 이방인인 채 시간과 영원 사이를 떠돌아다닐 것을. 어린 시절부터 그들은 나의 사랑스런 여자 친구였고, 누이였다. 내가 길을 갈 때마다 우리는 서로 끄덕이며 인사를 나누었고, 잠시 서로의 눈을 들여다보았다. 나는 당시 그들로부터 배웠던 것을 잊지 못한다. 그들의 형태, 색깔, 행동, 유희, 원무, 꿈 그리고 휴식을,'

누리詩

꿈

꿈이 부유한다. 대지와 하늘 사이를
솜사탕… 그대 이름, 구름

꿈을 품은 천사, 푸른 호수를 떠돈다

아름다운 꿈, 끝없이 떠도는 그대, 인간 갈망의 영원한 표상

인간의 영혼이 시간과 영원 사이에 걸려 있듯
그대, 구름도 하늘과 대지 사이에 걸려 있다

그대는 방랑자, 오늘도 내일도 또 내일도

고독하신가요?
그대는 나그네, 꿈꾸는 방랑시인

돌연, 검은 사자, 눈물 줄기를 내 뿌린다
분노하셨나요?

꿈이 쏟아 내리친다 마구 마구

눈(雪)

 증발한 수증기가 저온의 공중에서 냉각되어 작은 물방울이나 빙정의 상태로 모여 있는 상태가 구름이며 그 속의 빙정들, 얼음 알갱이들이 자체 내 충돌로 커지면서 무게를 이기지 못하고 지표면으로 하강하는 물체가 눈(雪, snow)이라고 하죠.
 제 고향 부산에는 눈이 도무지 내리지 않아 그것이 어떤 모양인지도 모르고 자랐습니다. 그런데 웬일일까요, 초등학교 입학 전 해로 기억합니다. 눈이 내렸습니다. 그것도 폭설이었습니다. 온 세상이 눈으로 덮여 하얀 세상이 되었습니다.
 장독대에 소복이 쌓인 눈을 어머니가 두 손으로 쓸어 모아 꼭꼭 눌러 주먹밥을 만들어 주십니다. 먹었습니다. 그리고 벙어리장갑을 낀 채 동네 친구들과 눈사람도 만들고 편을 나누어 눈싸움도 했습니다. 즐거운 어린 시절이었습니다.

 윌슨 앨윈 벤틀리의 눈 - 그런데 우리가 이토록 환호하며 즐겼던 눈 속에서 평생을 살아온 한 청년이 있었습니다. 바로 윌슨 앨윈 벤틀리(Wilson Alwyn Bentley)라는 미국 버몬트주에 거주하는 농부였습니다.
 벤틀리는 무려 2년에 걸쳐 사투를 벌인 결과 눈 알갱이의 얼음 결정체를 사진기에 담는 데 성공했다고 합니다. 이 기적과도 같은 불후의 명작은 그가 19세인 1885년 겨울에 이루어졌습니다. 그는 거의 40 평생을 이 눈을 카메라에 담기 위해 매해 겨울마다 벽촌 농가에서 5천 장이 넘는 사진을 현상하여 역사상 가장 많은 눈 꽃송이의 사진을 모은 수집가라고 합니다. 폭풍 속을 헤집고 다녀 차가운 바람이 허파에 스며들어 폐렴이 생겨 1931년 크리스마스이브에 65세의 나이로 숨을 거두고 맙니다.

이러한 평생의 삶을 소개한 책자는 이고르 보그다노프와 그리슈카 보그다노프 형제의 공동 저작인 「과학자들이 알고 싶어 하는 신의 생각」입니다.

이 책의 37쪽에서 41쪽까지의 내용을 그대로 소개해 드리려 합니다.

* * *

'1885년 1월 어느 추운 겨울밤 짙은 어둠 속에서 언제 시작되었는지 모를 매서운 바람이 소용돌이치고 있었다. 어느 이름 모를 벽촌에 서 있는 헛간의 나무판자 틈 사이로 눈먼 바람이 새어들었다. 사방은 온통 어두컴컴한 눈으로 뒤덮였다. 별안간 외마디 비명이 바람을 갈랐다. 헛간 한쪽에서 열아홉 살 젊은이가 하늘 향해 두 팔을 번쩍 치켜올렸다.

"만세! 마침내 해냈다!"

청년 앞에 놓인 현상액 속에는 불후의 역작이라 할 만한 사진 한 장이 담겨 있었다. 정말이지 역작 중의 역작이라 할 만했다! 윌슨 앨윈 벤틀리는 무려 2년에 걸친 수많은 실패와 재도전 끝에 비로소 자신이 만든 경이로운 기계를 가지고 불가능한 일을 일궈냈다. 사상 처음으로 눈으로는 보이지 않는 극소의 세계에 속하는 아주 미세한 '눈 알갱이', 얼음 결정체를 사진기에 담는 데 성공한 것이다. 그는 사진을 들여다보며 한참 동안 입을 다물지 못했다. 흠잡을 데 없는 곡선과 곧게 뻗은 직선으로 완벽한 대칭을 이루는 6각의 별은 마치 기하학자나 천재 화가가 '그린' 한 편의 예술 작품처럼 보였다. 순간 이 미국인 젊은이는 어둠 속에서 그만 이렇게 중얼거리고 말았다.

"이것은 기적이다."

그리고 이 말을 그는 평생토록 되풀이했다. 당시 젊은이는 알고 있었다. 자를 댄 듯 반듯하게 뻗은 선들이 이루는 이 눈부시게 아름다운 눈 결정체가 불과 몇 분 만에 소용돌이치는 구름 속에서 만들어졌다는 사실을! 대체 어떤 마술이기에 이런 일이 가능한 것일까? 어떻게 이 얇은 얼음판들이 눈 깜짝할 사이에 완벽하게 아귀를 딱딱 맞추며 숨이 막힐 정도로 아름다운 조각품을 만들어 내는 것일까? 예사롭지 않은 농부 벤틀리는 이 놀라운 수수께끼를 풀기 위해 근 40평생을 이 자연의 기적을 카메라에 담는 데 보냈다. 윌슨 벤틀리는 매해 겨울마다 이 벽촌 농가에서 5천 장이 넘는 사진을 현상하며 역사상 가장 많은 눈꽃송이 사진을 모은 수집가가 되었다.

그럼 이제 다시 1885년 캄캄한 겨울밤 차가운 바람이 살을 에던 버몬트 들판으로 돌아가 보자. 벤틀리는 묵묵히 눈 결정 수십 개를 은수저에 담아 일일이 사진을 찍었다. 현상된 사진을 본 그는 도저히 두 눈을 믿을 수가 없었다. 모든 눈꽃송이가 전부 하나같이 6개의 기둥을 지니고 있었다. 그것은 흡사 대칭이 완벽한 6각형의 아름다운 별과도 비슷했다. 하지만 대체 왜일까? 왜 기둥은 항상 5개나 7개가 아닌 6개인 것일까? 호기심에 사로잡힌 벤틀리는 반드시 5개 기둥을 지닌 눈 결정을 찾아보리라 결심했다. 거의 반세기에 걸쳐 그는 겨울이면 5개 기둥이 달린 눈꽃송이를 찾아 여기저기 헤맸다. 세상 그 어디에도 없는 눈송이를 찾고 또 찾아다녔다. 때로는 산 정상에 올라 보기도 하고, 또 때로는 깊은 계곡으로 들어가 보기도 했다. 하지만 헛수고였다. 그가 찾아낸 것은 언제나 6개 기둥이 달린 눈 결정뿐이었다.

놀라운 것은 그뿐만이 아니었다. 눈 속에는 그보다 훨씬 더 신비로운 현상도 숨어 있었다. 심지어 오늘날 과학자들마저 시원스럽게 해명하지 못하는 놀라운 현상이었다. 오두막 낡은 선반 위에 놓인 벤틀리가 방방곡곡 돌아다니며 찍은 5천여 장의 사진 중에는 똑같은 모양의 눈송이가 단 하나도 없었던 것이다. 모두 6개의 기둥을 달고 있고, 모두 숨이 막힐 정도로 아름다웠지만, 모양만큼은 전부 제각각이었던 것이다! 근 사반세기 동안 이 지칠 줄 모르는 눈송이 사냥꾼은 수많은 처녀설을 뒤적이며 눈송이를 숟가락에 퍼 담았다. 때로는 바닥에 채 떨어지기 전에 공중에 내리는 눈을 낚아채기도 했다. 또 때로는 두꺼운 눈 밑에 단단하게 쌓인 얼음층을 파보기도 했다. 하지만 헛일이었다. 늘 그렇듯 '완벽하게 똑같은' 눈송이는 단 하나도 찾아볼 수 없었다. 결국 1925년 어느 저녁 경탄에 잠긴 그는 이렇게 적었다.

"각각의 눈송이는 창조주가 그린 작품이다. 똑같이 그린 그림은 단 하나도 없다. 눈송이 하나가 녹으면 세상에 단 하나뿐인 그림도 영원히 함께 사라진다. 경이로운 그림이 존재했던 흔적을 남기는 법은 절대 없다."

하지만 왜일까? 대체 어떤 기적에 의해 들판 위에 내리는 수십억 개의 눈송이는 하나의 견본을 보고 만들었는데도 전부 모양이 다른 것일까?

눈의 신비에 대해 좀 더 많은 것을 알고 싶다면 잠시 과학의 힘을 빌려 보자. 과학은 우리에게 무엇을 말해주는가? 아주 놀라운 사실을 말해준다. 30억 년이 넘은 아주 오랜 옛날 지구상에 생명이 출현한 이래 수십억 번의 겨울을 거치는 동안 하늘에서는 약 10억 곱하기 10억 곱하기 10억 개에 달하는 눈송이가 내렸다. 물론 이 숫자가 우리에게 대단한 사실을 알려주는 것은 아니지만, 어쨌든 그것은 엄청나게 큰 수다. 그럼 여기서 조금만 더 깊이 들어가 보자. 가령 눈 결정 하나는 약 10억 곱하기 10억 개에 달하는 물 분자로 이뤄져 있다. 그런데 이 분자들이 눈 결정을 이루기 위해 배열될 수 있는 경우의 수는 인간의 상상을 초월한다. 이해를 돕기 위해 우리의 일상 속에서 쉬운 예를 하나 들어보자. 가령 여러분이 책장 선반 위에 더도 말고 딱 열다섯 권의 책을 꽂는다고 생각해 보자. 이 책을 배열할 수 있는 방법은 모두 몇 가지나 될까? 기절초풍할 정도다. 무려 20억이 넘는 조합이 가능하다! 평생 쉬지 않고 책을 꽂아도 여러분은 절대 열다섯 권의 책을 서가에 나란히 꽂는 방법을 모두 실행에 옮길 수 없다. 이 정도면 10억 곱하기 10억 개에 달하는 분자들이 눈 결정 하나를 이루는 경우의 수는 우주가 탄생한 이래 이 세상에 존재한 모든 눈 결정의 수와는 비교가 되지 않을 정도로 어마어마하게 클 것이라는 점을 쉽게 짐작할 수 있다. 그러니까 이 세상에는 완전히 똑같은 눈꽃(얼음 결정)은 존재하지 않는 것이다. 게다가 더욱 기막힌 사실은 계산상으로 볼 때 눈 내리는 행성들이 무한히 펼쳐진 이 모든 우주를 통틀어서도 동일한 눈 결정은 존재하지 않는다.'

누리詩

봄 마중

영원한 방랑 시인
그가 내리는 선물, 눈이 내려와 앉는다
진달래꽃 망울에 살포시

첫 키스, 수줍다
참 예쁘세요 색깔두, 속삭인다

바람이 인다, 살랑이는 꽃망을

함박눈이 쏟아 내린다

이맘때 흔치 않은 일, 귀한 일

봄을 마중 나왔나 보다

귀한 눈이 오시니 축복도 오시려나

올해는 종달새 높이 떠 지저귀고
오곡 백과 만발하기를

선조의 옛시조 한 구절, '춘설이 난 분분하니…'

별

밤하늘에 빛을 발산하며 떠 있는 물체를 우리는 '별'이라고 부르죠.
사실 우주는 우리가 도무지 알 수 없는 비밀스러운 작업으로 만들어진 복잡하고 오묘한 물질들의 집합체이지만 우리에게는 그저 단순히 빛나는 별들의 향연이 펼쳐지고 있는 아름다운 세상으로만 보입니다. 우리 인간을 생성해 내었으며 또한 우리의 삶에 필수적인 원소들을 방출하고 있으며 거기에 더하여 총총히 빛을 발하며 떠 있어 신비함과 경이로움을 자아내는 별들은 우리를 무한의 그 어디로 이끄는 마력을 지닌 messenger이기도 합니다.

반짝이는 별 - 별이 스스로 빛을 내는 것은 별 중심부에서 '열핵융합'이라는 작용을 하여 그 열에너지로 인한 것이며 별이 반짝이는 것은 만들어진 그 빛이 직진해 오다가 지구의 대기층에서 산란되기 때문이라고 합니다. 그런데 별의 크기나 지구 간의 거리에 따라 그 빛은 몇천만 년 이상 또는 그 이하 전에 만들어진 것이라고 합니다. 그리고 별이 땅에 떨어지지 않고 떠 있는 것은 별 자체 내의 끌어당기는 힘, 즉 중력과 외부 우주 공간의 반중력(反重力)이 균형을 이루고 있기 때문이라고 하죠.

별이 만들어 내는 원소들 - 별은 은하에 있는 가스와 먼지구름이 뭉쳐져 중력이 생겨 만들어지는 물체입니다. 그러므로 별보다 은하가 먼저 생겨났음을 알 수 있습니다. 이렇게 만들어진 별들은 중심부에서 수소의 핵융합으로 헬륨을 생산하고 헬륨은 다시 핵 융합하여 탄소와 산소 등을, 또다시 핵 융합하여 네온과 마그네슘 등을, 또 핵 융합하여 실리콘과 황 등을, 끝으로 다시 핵 융합하여 철을 생산해 냄으로써 모든 단계별 핵융합을 끝낸다고 합니다.

별들도 생명체이므로 우리 인간과 같이 생로병사를 겪습니다. 그러면 별들을 어떤 종말을 맞으며 생을 마감할까요? 별들은 평생 자신을 태워 만든 원소들을 모두 은하기체에 환원하고 떠나는데요, 삶을 마감하는 별들의 형태를 4가지 유형으로 나눈다고 합니다. 첫째, 영원히 사라지는 별, 둘째 중성자별, 셋째 블랙홀 (black hole), 넷째 초신성(超新星, Supernova)입니다.

영원히 사라지는 별 - 영원히 사라지는 별로 태양(太陽, The Sun)을 예로 들 수 있다고 합니다. 태양의 수명은 100억 년이라고 하는데요, 현재 50억 년이 남았다고 합니다. 약 50억 년 전에 태양계가 형성되었다고 보는 것이니까요. 50억 년 후 태양은 점점 식어가면서 적색 거성이 되어 지구를 포함한 태양계의 모든 별들을 삼킨 뒤 우주의 미아가 된다고 합니다.

중성자별 - 별의 양성자와 자유 전자가 뒤엉켜 전기적으로 중성으로 보이기 때문이라고 하는데요, '펄스'라고 불리기도 합니다.

블랙홀 - 별의 질량이 태양의 80배 이상 정도인 거성의 경우에 발생하는 예입니다. 1,000만 년의 짧은 생을 살다가 죽는 단계에서 폭발을 일으켜 주변의 물질들을 다 우주 공간으로 흩날려 보낸 뒤 안쪽의 남은 물질이 중력 붕괴를 일으켜 입구에 퀘이사(Quasar)라고 하는 강착 원반이 만들어져 여기에서 X선을 방출하며 빛조차도 통과할 수 없을 만큼의 강한 중력, 모든 것을 순식간에 빨아들이는 어마어마한 중력이 작용한다고 합니다.

초신성 - 저는 이 초신성에 관심이 많은 편입니다. 별들이 일생을 마감하는 단계에서 어떤 별은 격변의 사건을 일으킨다고 합니다. 즉, 격렬하게 폭발하여 그 광도가 평상시에 비해 수십만에서 수억 배까지 순간 증폭되는 별을 말합니다. 그 밝기가 1,000억 개 이상의 별들을 가진 은하 전체의 밝기보다 더 밝아져 매우 찬란하다고 합니다. 이렇게 초신성은 단 한 번의 에너지를 폭발하여 거대한 양의 원소 등 물질들을 우주 공간으로 휘몰아 흩날리는 것입니다.

이러한 초신성들은 천문 역사적으로 7개만 기록되어 있답니다. 그 중 가장 유명한 것은 황소자리 뿔에 해당하는 곳에서 나타난 것으로 대낮에도 볼 수 있을 정도였다고 합니다. 그 폭발의 잔해로 오늘날 '게 성운'으로 알려져 있습니다. 그리고 2012년에 폭발할 것으로 관측된 오리온자리의 항성 베텔게우스(Betelgeuse)는 아직도 폭발하지 않아 많은 학자가 기대를 모으고 있는 상황이라고 합니다. 초신성 폭발을 목격한다는 것은 10만 년 만에 1번 있을까 말까 하는 장관을 경험하는 것이라 해서 그 아름답고 장엄한 빛의 향연을 저도 꼭 보고 싶습니다.

초신성의 후예 - 그런데 무어라 명명되지 않는 한 초신성이 약 50억 년 전 태양계의 원재료인 기체 덩어리 부근의 은하에서 폭발했다고 합니다. 이 초신성은 자신을 태워 평생 동안 만든 원소인 수소, 탄소, 산소, 마그네슘, 실리콘, 황 그리고 철 등을 흩뿌리면서 생을 마감했는데요, 이 은하의 이러한 원소들이 재료가 되어 태양계의 한 행성인 지구에 우리 인류 및 다종다양(多種多樣)한 생명체들을 생성해 내었던 것입니다. 그러므로 우리 인류 및 생명체들은 별에서 왔다라는 말은 맞습니다. 정확히 말하면 우리 모두는 한 초신성의 후예인 것입니다.

은하 - 그렇다면 이렇듯 인류 및 생명체들을 생성시키고 그들의 삶에 절대적으로 필요한 원소 및 복사 등 물질들을 제공하면서, 그런 별들을 품고 있는 은하(銀河, Milky way)는 무엇이겠습니까?
은하는 별들이 무리 지어서 모여 있는 곳으로 별들의 고향 또는 별들의 어머니라고 할 수 있습니다. 그리고 별들 외에 성간 먼지 및 암흑 성운, 흡수 물질 등도 모여 있는 곳입니다.
우리 태양계가 속해 있는 은하는 태양 질량의 5,800억 배나 되는 거대 천체로 원래 정상 나선 은하였으나 현재는 막대 나선 은하로 바뀌었다고 합니다. 우리 은하는 우주 탄생 초기인 약 138억 년 전에 생성되기 시작하여 가스 및 하전입자(전류를 띤 입자)와 전파 그리고 빛과 감마선 등 각종 방사선을 방출함으로써 우리 인류 및 생명체들에게 절대적으로 필요한 물질들을 제공하고 있는 것입니다.

항성과 행성 - 천문학에서 태양은 별이며 항성(恒星, fixed star)입니다. 중심부에서 열핵융합 작용을 하여 스스로 빛을 내기 때문입니다. 그러나 우리 지구는 천체이긴 하지만 별로 구분되진 않습니다. 열핵융합 작용이 없으니까, 행성(行星, Planet)으로 구분됩니다. 스스로 빛을 내지 못하고 태양의 빛을 받아 반사할 뿐이죠. 그리고 달은 우리 지구에 붙어 있는 위성(偉星, Satellite)입니다. 달 역시 태양의 빛을 반쪽 면에 받아 반사합니다. 그 밝음이 우리에겐 보름달, 상현, 하현달로 보이는 것이고요.

누리詩

메 쎈 저

반짝이는 너, 해븐리 바디 태고의 비밀을 지니셨나요?

알려주실 수 있을까요?

천기누설 금지!

빛나는 너, 열심히 일하시네요. 재밌으세요?

빛나고 싶어서

예쁜 너, 떨어지지 않네요 꼭 붙어 있네요

밀당 덕분

아득히 먼 너, 어디로 가실까요?

무한의 그 어디로

총총한 너, 평생을 불태우곤 자신을 버리시네요

사시는 동안 어떠하셨나요?

더 없이 행복했어요.

흔적만 남는 이름 없는 너
네가 아니었음 우리 사람들은 생겨나지도 않았겠네요

맞아요

어머니, 은하님께 고맙다고 좀…

유어 웰컴,
우린 그렇게 살도록 태어난 걸요

달

'우주의 성배'로 불리는 '시간의 주름 즉 우주 나이 38만 년의 플라스마 상태인 빛과 물질이 죽처럼 엉켜져 있던 상태에서 팽창으로 인해 빠져나온 빛인 우주배경복사는 하늘의 위치에 따라 10만 분의 1 정도씩 온도 편차를 보인다'라는 것을 발견한 죠지 스무트(George Smoot) 박사는 어렸을 때 경험한 달의 모습이 그로 하여금 우주론의 물리학자로 만들었다고 하는데요.

가족과 함께 친척 집에 다녀오면서 집까지 약 2시간 동안 줄곧 같은 모양으로 따라오던 밝은 달에 대하여 의문을 품은 것이 40여 년 후 그가 노벨 물리학상을 받을 정도의 과학자로 결정지은 원인이었다고 키 데이비슨(Keay Davidson)과의 공저 「우주의 역사(Wrinkles in time)」에서 술회하고 있습니다.

그럼 스무트 박사에게 이러했던 달은 일반적으로 우리에게는 어떤 존재인지를 간단하게 얘기해 보려 합니다.

낭만 그리고 영감의 산실 - 초등학교 때 '달달 무슨 달 쟁반같이 둥근 달 어디 어디 떴나 남산 위에 떴지'라고 노래하던 달은 지금도 그때 그 모습으로 지상 어느 곳에서나 볼 수 있습니다. 떨어져 있는 연인에게는 애잔함을 더하지만, 같은 시간에 같은 모양의 달을 보고 있어 함께 있다는 느낌으로 위안을 주는 '낭만의 산실'이며 시인이나 음악가들에게는 영감을 불러일으켜 불후의 명작이나 위대한 음악을 탄생시키는 '영감의 산실'이기도 합니다.

유일한 자연 위성 - 달은 지구의 유일한 자연 위성으로 지구와 약 39만 km 떨어진 위치에서 지구 주위를 서쪽에서 동쪽으로 공전합니다. 지구 3분의 1 크기로 지구 질량의 82분의 1인 달은 햇빛을 받아 그 빛을 반사하는데 반사율은 7.3 퍼센트에 불과하다고 합니다. 그리고 달은 자전축을 중심으로 29.5 일만에 한 바퀴 자전하는데요, 이것은 지구 둘레를 한 바퀴 공전하는 시간과 같아서 지구상에서 볼 때는 달의 같은 면만 보게 되는 것이랍니다. 우리 인류는 아직까지 달의 이면을 본 적이 없다는 것입니다. 이러한 달의 표면에는 200km 이상 되는 구덩이(Crater)들이 있다고 하는데요. 이 사실을 1609년 갈릴레이가 이미 관측했으나 당시 그는 그것을 바다로 보았다고 합니다.

조석작용 - 달은 조석(潮汐, tide) 작용으로 밀물과 썰물 현상을 일으킵니다. 이 현상은 달과 태양의 상대적인 위치 변화로 일어나는 해수면의 주기적인 변화라고 합니다. 지구의 표면에 작용하는 달의 중력은 태양이 지구에 작용하는 그것의 2.2배 정도 크다고 합니다. 달이 태양보다 지구에 가까이 있기 때문입니다. 그러므로 달이 중력으로 발생하는 조석은 지구 중심과 지표면에 미치는 달의 중력장 차이에 의해 일어나며 가장 큰 조차(潮差)는 태양과 달이 일직선상에 있을 때라고 합니다. 그러니까 조석 작용은 달과 태양과 지구가 합력하여 일으키는 현상인 것이죠.

지구의 자전축 - 달의 중력으로 일으켜지는 현상이 또 있는 데요, 바로 4계절입니다. 우리가 봄 여름 가을 겨울의 계절 변화를 갖는 것은 지구의 자전축이 23.45도 기울어져 있기 때문인데요. 이 기울어짐은 달의 중력 작용 때문이랍니다. 이 때문에 지구의 표면이 매일 수 cm씩 변형을 보인다고도 합니다.

달의 기원 - 달의 기원에는 여러 설이 있으나 두 가지 설로 압축된다고 합니다. 하나는 지구 주변의 남은 부스러기 물질이 응결되어 자체 중력으로 커지면서 지구에 흡수되지 않고 스스로 생성되었다는 설이고요, 다른 하나는 소위 자이언트 임팩트(Giant Impact)라고 하는 것인데요, 이것은 혜성이 지구와 충돌하여 그 파편이 응결되면서 자체의 중력 작용으로 하나의 독립된 위성으로 형성되었다는 설로 전자보다는 더 유력한 설로 받아들여지고 있다고 합니다.

누리詩

조각달과 둥근달

서편 호숫가에 걸린 조각배
하이얗다
상앗대가 부지런하다
어디로 가시는가
꿈이 있는 그곳. 희망의 거기로
희망은 좋은 것. 사라지지 않으리

중천, 검푸르다
둥근 접시 하나, 밝고 환하다
희망의 거기인가
기쁨의 전당
청춘을 구가하시는가
청춘은 좋은 것, 열락의 새가 우짖는다

동편 호숫가에 걸린 조각배
하이얗다
상앗대가 부지런하다
어디로 가시는가
꿈을 키운 그곳, 정다운 거기 고향으로
고향은 좋은 것, 향수의 전당

지구

　우리의 지구는 약 46억 년 동안 파란만장한 삶을 살아왔습니다. 자신이 만들어 낸 생명체들이 공멸하는 고통을 겪으면서도 이에 굴하지 않고 더욱 분발, 고안을 짜내어 진일보한 생명체들을 생산해 내었습니다. 참으로 경탄하지 않을 수 없는, 놀라우리만치 치열한 삶으로 고전악투한 결과 지금의 인류 및 생명체들이 존재하는 것이죠. 지구는 인류를 비롯한 현존하는 생명체들의 훌륭한 모체(母體)인 것입니다.

그렇다면 이러한 우리의 지구는 어떠한 경로를 거쳐 지금에 이르렀는지 그리고 어떤 모습인지 그리고 또 어떤 작용을 하기에 현 상태를 유지하고 있는지에 대하여 간단히 얘기해 보려 합니다.

파란 보석 - 지구는 우리 인류 및 모든 생명체의 거주지이며 삶의 터전입니다. 지구는 이 목적으로 태양계의 8개 행성 중 하나로 생성되었던 것이죠. 지금까지 알려진 바에 의하면 유일하게 생명체가 존재하는 곳이 지구라고 합니다. 약 50억 년 전 태양계가 형성되기 시작할 때 3번째 거리에 위치하여 우주 공간에서 바라보면 파란색의 둥근 보석처럼 보여 그지없이 아름답다고 합니다.

자전과 공전 그리고 중력 - 지구는 태양으로부터 약 1억 5천만 km 거리에서 23.45도 기울어져 하루에 한 번 자전하여 밤과 낮을 만들어 내며 동시에 1년을 주기로 초속 30km의 속도로 태양의 둘레를 공전하여 봄·여름·가을·겨울의 4계절을 만들어 냅니다. 그리고 자신의 둘레를 돌고 있는 달을 우주 바깥으로 이탈하지 못하도록 중력을 작동하며 또한 그 중력으로, 달로 하여금 밀물 썰물의 조석작용을 하도록 합니다.

10여 장의 '판' - 이렇듯 자전과 공전 그리고 중력으로 모든 것을 만들어 내는 우리 지구는 반지름 6,400km로 질량은 다른 행성들에 비해 작지만, 밀도는 가장 크다고 하죠. 또한 10여 장의 '판'을 소유, 그들로 하여금 운동하게 만들어 화산 폭발 및 지진을 야기하여 그 결과 거대한 산맥들 및 화산섬 등을 만들어 내어 아름다운 자연 경관을 표출해 내며 또한 토네이도, 폭풍 등을 일으켜 대기권을 이동시켜 열대 우림 등 사막을 형성해 내기도 합니다.

이러한 우리의 지구는 인류를 포함한 다종다양한 생명체들을 만들어 내기 위해 또 그들을 삶의 터전을 마련하기 위해 거친 변천의 역사를 겪습니다. 학자들은 이것을 명왕대, 원생대, 시생대, 고생대, 중생대 그리고 신생대로 나누어 설명하는데요.

명왕대, 원생대, 시생대 - 지구 형성 46억 년 전에서 약 40억 년 동안의 길고 긴 세월의 시기입니다. 이 시기에 지구는 달을 형성했고 대륙을 구성했으며 생명체 모두의 '공통의 시조'라고 할 수 있는, 바닷속에 생명체를 생성하였습니다. 또한 그들이 서식할 수 있도록 대규모의 산소도 발생시켰습니다.

그러나 지구 형성 6억 년 전 지구는 어떤 생명체도 살 수 없는 척박한 곳으로 변모합니다. 지구 전체가 빙하로 덮여 섭씨 영하 50도가 된 것입니다. 그렇다고 지구는 포기하지 않습니다. 지구는 지속적인 화산활동을 일으켜 이산화탄소의 온실 작용을 거듭시킵니다. 그리하여 드디어 섭씨 50도가 된 것입니다. 대형 동물들이 출생합니다. 이때의 대형 동물이란 생명체이긴 해도 눈도, 이빨도, 발도, 보호막도 없는 '그냥 동물'이었다고 합니다.

고생대 - 그 후 약 3억 년 동안을 가리킵니다. '캄브리아 폭발'이라고 일컬어지는 다종다양한 생물들의 출생기를 맞이합니다. 이때에 동물들은 진화하여 현존하는 생물이 되었다고 합니다. 보호막은 물론 눈과 이빨 그리고 발등도 있습니다. 그리고 이어 척추동물도 생성됩니다. 그리고 6대주가 한 덩어리로 뭉쳐 있던 초대륙, '판게아'도 이때 형성되었던 것입니다. 그런데 또 척박한 환경이 됩니다. 대규모의 화산활동이 발생되어 온통 화산재와 먼지로 햇빛이 가리워졌기 때문입니다. 식물들의 광합성작용이 불가능해져 모든 생명이 멸종할 수밖에 없었던 시기였습니다.

중생대 - 그 후 약 2억 년 동안의 '파충류 시대'를 말합니다. 그런데 이 시기에 멕시코 유카탄반도에 충돌된 소행성의 충격으로 파충류 모두가 공멸합니다. 땅 위의 공룡은 물론 공중과 바닷속의 모든 파충류가 사라지게 됩니다.

신생대 - 그 후 약 6,550만 년 전에서 현재까지의 '포유류의 시대'를 말합니다. 이때 떠돌던 '판게아'가 이합집산, 오늘날의 육대주(六大洲; 아시아, 유럽, 남아메리카, 북아메리카, 아프리카 및 오스트레일리아)를 형성하였으며 오대양(태평양, 대서양, 인도양, 북극해, 남극

해)을 조성하였습니다.

그리고 약 700만 년 전에 드디어 인류의 선조, 유인원이 출생합니다. 이때의 유인원은 이미 뇌를 가지고 있었으며, 따라서 어떤 도구를 사용할 줄도 알았고 앞 다리가 자유로워 직립하여 이족 보행을 했다고 합니다. 그리고 약 300만 년 전에는 이윽고 현존하는 인류의 모습을 갖춘 '루시, Lucy'가 존재했을 거라고 추정되며 약 240만 년 전에는 최초의 인간 호모(Homo, 인간이란 뜻)가 활동했으며 이어 호모 사피엔스(Homo Sapiens, 지혜로운 인간)가 출현한 이래 약 200만 년 전에는 현존하는 인류 호모 사피엔스, 사피엔스(Homo Sapiens, Sapiens)가 비로소 출생한 것이라고 합니다.

그러면 이러한 우리 지구의 구조는 어떠할까요?

지구의 내부 및 외부 구조 - 지구는 형성 직후인 46억 년 전에는 암석과 금속이 녹아 섞여 범벅이 된 마그마 덩어리였다고 합니다. 작열하는 불덩어리, 마그마의 바다였던 것이죠. 그러던 것이 시간이 흐름에 따라 무거운 물질인 철이나 코발트 등이 심층부로 가라앉아 구체(球体)를 형성하면서 핵을 만들게 되죠.

지구의 내부는 지각, 맨틀, 외핵 그리고 내핵으로 구조되어 있다고 합니다. 지각의 두께는 육지에서 40km, 해양에서 5km로 보는데요, 지각 다음의 맨틀은 땅속 2,900m로 본다고 합니다. 이 지각과 맨틀은 이산화규소를 주성분으로 하는 암석이라고 합니다.

외핵은 지각으로부터 5,100km, 내핵은 6,400km로 보는 것이죠. 외핵은 철을 주성분으로 하는 섭씨 6,000도의 액체 합금으로 이 액체가 맨틀에 전해져 대류를 촉진하게 됩니다. 내핵 역시 철을 주성분으로 하는 액체의 금속 합금이었으나 식으면서 점차 고체가 되었다고 합니다.

지구의 외부 구조는 지각과 대기권으로 나눈다고 합니다. 지각은 육지와 바다 그리고 생물들로 덮여 있고요. 대기권이라 함은 지표면에서 약 100km 상공을 말하는 것으로 질소(77%), 산소(21%) 그리고 수증기, 아르곤, 이산화탄소, 헬륨 그리고 황 등으로 구성되어 있다고 합니다.

그런데 지구 내부의 격렬한 변동으로 외부 지각의 변화를 초래하는 활동이 있는데요, 바로 우리가 이미 경험한 바 있는 화산의 분화와 지진입니다.

화산 - 화산의 발생 원동력은 맨틀 대류입니다. 맨틀이 녹아 생성되는 마그마, 불덩어리인 찐득한 액체가 분출되는 현상입니다.

지진 - '판' 경계에서 발생하는 현상으로 지표면을 덮은 10여 장의 판이 서서히 움직여 가면서 부딪혀 어긋남으로 발생하는 현상입니다.

잼있는 상상 - 여기서 저는 재미있는 상상을 해 보려 합니다. 지구를 의인화합니다. 우리가 모두 알고 있듯이 우주 및 만상은 생명체입니다. 우리의 지구 또한 활동하는 생명체이고요. 그러니 지구도 가끔은 크게 숨 쉬어야 하지 않을까요? 고래가 주기적으로 등을 내밀고 호흡하듯이 말입니다. 그런데 고래의 호흡과 지구의 그것과는 다르다고 봅니다. 고래는 생존을 위한 호흡인 반면, 우리의 지구는 그것이 아니라고 생각됩니다. 그래서 우리의 지구는 아마도 이렇게 생각했을 수도 있습니다.

자신의 몸을 밟고 생존하고 있는 인류가 무엄하게도 자신을 훼손하는가 하면 불평까지 늘어놓으며 마음을 무척이나 상하게 해 주니 어떻게 할까?

고심 끝에, "그렇다면 나도 조용히만 숨 쉴 게 아니라 크나큰 호흡을 터뜨려 그런 인류에게 경고의 메시지를 날려야겠어" 하고.

분노의 마그마, 불덩어리를 분출, 크게 포효하는 것이 화산 분출이 아니겠습니까. 그리곤 자신의 분노한 것이 못내 마음에 꺼려져 그 대가로 아름다운 경관을 선물로 남기는 것은 아닐까요.

그러면 지구는 우리 인류에게 어떤 존재일까요?

경이로운 모체 - '지구' 서두에 언급된 바와 같이 지구는 우리 인류에게 더없이 훌륭하고 경이로운 모체(母體)라고 주저없이 결론 내립니다.

누리詩

어떤 반란

둥근 보석
얼마나 고초를 겪었기에 둥글게 되셨나요?
파란 옷까지 입어 아름답네요

그런데, 그 보석, 상처 입어 흠집 생겼습니다

한숨 내쉬는 보석, 열기 찬 산안개가 터져 퍼집니다

거듭되는 상처
흠집이 막 생깁니다 아프고 쓰립니다

파란 보석, 고뇌합니다
어찌할꼬? 어찌하면 좋을꼬?

상처들이 덧나 아려옵니다

순간
치솟습니다 붉은 선혈입니다 분노의 불덩어리입니다

반란!
경고입니다

바 다

　남편도 저도 산보다는 바다를 좋아합니다. 시간이 날 때마다 찾던 곳이 있었는데요. 뉴저지주에 소재한 샌디 훅(Sandy Hook)이라는 해변입니다. 근거리에 뉴욕의 빌딩들이 한눈에 들어오는 곳이기도 합니다. Sandy, 이름만큼이나 모래사장이 넓고 길어 더러 사람들이 찾아오는 곳입니다. 낚시꾼들이 간간이 보이고, 그들이 바다를 향해 멀리 던지는 낚싯밥(고등어 등)의 냄새를 맡은 갈매기들이 떼 지어 날아오곤 했습니다. 생선들이 그리 많이 잡히지는 않았지만, 더러 블루피쉬(Blue Fish)가 잡혔고, 남편은 한 번 운 좋게 광어 한 마리를 잡은 적이 있습니다. 바로 방생했더니 뒤도 돌아보지 않고 쏜살같이 달아났습니다. 해변의 모래사장에서 육지 쪽으로 꽤 넓고 편편한 돌들이 줄지어 놓여 있어 그 위를 거니는 것 또한 즐거움이었습니다. 맨발로 해변을 거닐던 사람들과 그들의 발등을 스쳐 내리던 잔 물줄기가 생각납니다. 파도는 끊임없이 오가면서 해변의 모양을 바꾸어 갈 것입니다.
　샌디 훅으로 오려면 드로우 브릿지(Draw Bridge, 다리 아래로 배를 통과시킬 때 다리가 둘로 나뉘어져 위로 치켜드는 다리)를 건너야 했고, 주변에 평화로운 마을이 있었으며 또 바닷게를 요리하는 작은 식당들이 있어 들르곤 했습니다.

　생각나는 바다가 또 한 군데 더 있습니다. 거긴 해변이 좁아 거니는 사람들은 거의 없습니다. 그래서 육지에서 바다를 향해 제디

(Jeddy)라고 불리는 다리를 놓아 낚시 등 바다를 즐기는, 플로리다 주의 멜번이라는 곳입니다. 제디에서 바라보는 바다는 말 그대로 망망한 대해(大海)입니다. 수평선이 끝도 없이 펼쳐져 있고 짙푸르고 잔잔한 먼바다의 물결은 강렬한 햇빛을 받아 은빛을 반사해 내고 있습니다. 그리고 우리의 여름과는 비교도 안 되는 열풍이 불어왔고 시원한 바람은 아주 잠깐만 스치는 곳입니다.

중학교 일 학년 때 첫 도덕 시간이었습니다. 성함을 기억나지 않는데요, 남자 선생님이셨습니다. 선생님은 자신에게 교육자가 될 동기를 부여한 것은 '바다'였다고 하셨습니다. 고향집 앞으로 멀리에 펼쳐진 바다가(∞을 칠판에 그리시면서) 무한의 꿈과 희망을 일으켰다고 하셨습니다. 선생님은 저희 마음속에 꿈과 희망이 있기를 바라셨던 것 같습니다.

바다는 우리 인간에게 다양한 식품을 제공하고 있습니다. 거의 매일 식탁에 오르는 영양소 풍부한 조류며 칼슘, 오메가 등을 포함하고 있는 어류 등으로 다양합니다. 또한 인간의 호흡에 필요한 산소를 대기 중에 75%를 만들어 제공하고 있으며 지구상의 기후도 조절합니다. 우리 인간에게 태양만큼 절대적인 존재는 아니라고 할지라도 인류의 생존에 꼭 필요한 바다는 어떤 존재일까요. 좀 알아보려 합니다.

바다의 형성 기원 - 약 46억 년 전에 형성된 지구에 화산들의 분출이 맹렬했고 거기에 잦은 크고 작은 소행성들의 충돌로 암석들 속에 갇혀 있던 엄청난 양의 수증기가 대기로 분출됩니다. 그러다가 소행성의 충돌과 화산의 분출이 잦아들면서 하강하는 온도로 대기 중의 수증기가 비가 되어 내립니다.

참으로 경이로운데요, 이 비가 무려 2천만 년 동안 지속하여 내렸다고 합니다. 쏟아지는 비들은 지표면에 골짜기를 만들어서 모여 있게 되는데요, 이 물들의 무리가 바로 바다가 된 것입니다. 그 결과 바다는 지표면의 70%를 차지하고 있으며 그것의 90%는 생물들의 서식지가 되고 있습니다. 그러니까 바다 형성의 일등 공신은 암석 속의 물 성분이라 할 수 있습니다. 이 물들로 인해 바다는 생명을 출생시킨 생명의 보고(寶庫)가 된 것입니다.

최초의 생명 출생지 - 약 700만 년 전 지구 대륙에 현 인간의 모습과 유사한 척추동물이 등장합니다. 그런데 이 척추동물은 바다에서 상륙한 생물이라는데 학자들의 의견이 모아진다고 합니다. 그러니까 우리 인류의 출생지를 바다라고 보고 있는 것입니다.

학자들은 지구가 형성된 약 46억 년 전에서 약 38억 년 사이에 바다가 만들어졌을 것으로 보고 있으며 약 35억 년 전에 그 바다에서 최초의 생명이 출생한 것으로 보고 있습니다. 그리고 그 최초의 생명이 출생한 장소로 해저의 지각판이 서로 떨어져 2개의 지각판으로 갈라지는 사이에 생기는 일종의 공기 구멍인 '열수 분출공'이라고 하고 있습니다. 여기에서 뿜어져 나오는 열수(熱水)는 약 섭씨 400도에 달하며 단백질과 핵산 등을 만들어 내어 마침내 그것들을 함유한 원시세포를 생성했으며 그 후 대사작용으로 화학적 진화를 거쳐 이윽고 단세포 생물이 출생합니다. 최초의 생명 출생인 것입니다. 정말이지 신비롭습니다.

그 후 그 단세포 생물은 진화를 거쳐 다세포 생물이 되는데요, 연체성 해양생물이었다고 합니다. 그러다가 '캄브리아 폭발'이라는, 약 5

억 4천만 년 전의 시기에 갑자기 폭발적으로 다종다양한 해양생물들이 생겼다고 합니다. 바로 이 생물들이 현존하는 해양생물이며 그들은 껍데기와 발과 눈을 가진 생물이었다고 합니다.

그러다가 약 4억 2천만 년 전, 우리 인간의 선조라고 보고 있는 어류가 출생되어 해양 생태계의 왕좌를 점하고 있다가 약 3억 9천만 년 전 이 어류들의 일부가 육지로 진출하게 됩니다. 지느러미는 사지(四肢)로, 아가미 호흡은 폐 호흡으로 진화된 즉 척추동물의 육지로의 등장이었습니다. 이 척추동물이 진화되어 오늘날의 인류가 되었다고 합니다. 이 얼마나 놀라운 일입니까!

생명의 보고(寶庫) - 우리가 볼 때 그저 푸른 물결과 끝도 없는 수평선으로 그려지는 것이 바다입니다. 그러나 그것의 저변으로 가 보면 참으로 경이롭고 신비로운 세계가 펼쳐지는, 더없이 아름다운 곳이라고 합니다. 산호초며 다채롭고 다양한 어류들하며 미생물, 해파리, 조류, 박테리아와 원생동물 등의 수천 종의 해양 생물들이 서식하고 있는 곳입니다. 이들 중 해파리는 캄캄한 곳에서는 스스로 빛을 만들어 서로에게 신호를 주고받는다고 하니 놀랍습니다. 그런데 더욱더 놀라운 것은 미생물입니다. 해양 먹이의 1차 생산자이면서 우리 눈에는 보이지도 않는 이 생물들은 광합성작용을 하거나 또는 다른 화합물을 통해 스스로 에너지를 생산하고 있다는 것입니다.

그런데 바닷속의 그 무엇이 해양생물의 출생을 만들었으며 또 진화의 과정을 거치면서도 그 생물들의 보존을 가능케 했을까요? 그것은 바다가 생명에 꼭 필요한 물은 물론이고 염분 등 영양소 그리고 산소, 마그네슘, 칼슘, 칼륨, 바륨 그리고 철 등의 원소들을 내포하고 있기 때문이라고 학자들은 말하고 있습니다. 그래서 바다는 당연히 생명의 보고인 것입니다.

선한 마음의 발원지 - 바다는 무한을 향한 동경의 발원지이며 화해의 마음이 움트는 선한 마음의 발원지이기도 합니다. 바다를 바라보고 있노라면 제 자신이 아주 작아지면서도 어떤 자유랄까 하는 것을 향유하게 됩니다. 지금까지 아팠던 상처들이 소리 없이 사라져 가면서 상대방과 저의 잘못들이 포용으로 모아집니다. 눈시울이 뜨거워집니다.

그리고 돌아봅니다. 왜 세상을 보다 크게 보지 못했는가? 왜 촌음을 아껴 쓰지 못했는가? 왜 소중한 사람들을 소중하게 여기지 못했는가? 등입니다.

누리詩

멍

바다
당신은 신합니까? 전설입니까? 유산입니까?

성난 듯 달려오는 파도…

아, 알겠습니다. 역사(役事)시군요
깨어지고, 부서지고, 갈라지면서 멍들어
우리, 인류의 고향도 되어 주셨고요
그럼 당신, 바다의 고향은 어디신가요?

잔잔히 밀려 오는 파도…

태고적 암석이 고향이시라고요?!…
소행성이 사정없이 날아와 때렸다구요?…
그때 너무 아파 흘린 눈물이 비가 되어 내린 게…
아무리 비가 많이 내린다 한들
이렇게 망망대해(茫茫大海)가 될 수 있나요?

잔잔한 물결…

그렇게 그 비가 2천만 년 동안 내렸다구요?!…

태양

　태양의 외양 자체는 우리가 일반적으로 가지고 있는 아름다움의 개념과는 거리가 있다고 봅니다. '아름다운 태양'보다는 '이글거리는 태양'이 더 적합하지 않겠습니까. 그럼에도 제가 아름다움의 장에 태양을 포함하는 것은 이 지상의 그 어떤 아름다움도 태양이 아니고는 존재할 수 없기 때문입니다. 사실 인류를 포함한 이 지상의 모든 생명체는 태양이 아니고는 단 1초의 생존도 불가능하다고 합니다. 실로 태양은 모든 만물의 절대적인 존재입니다.

　빛의 폭포라고 해도 과언이 아닌 태양이 뿜어내는 열기에 눈이 타들어 가는 고통 때문에 바라볼 수조차 없었기에 고대 우리의 선조들은 태양은 우리 인간이 감히 접근할 수 없는 절대적인 존재로 신앙의 대상이 되기도 했습니다.

　그럼 이러한 태양에 대하여 좀 알아 보겠습니다.

　태양계 - 태양은 자기만의 계(界)를 가지고 있는 천체(天体, Heavenly Body)라고 합니다. 즉 태양계(太陽界, The Solar System)가 그것인데요, 태양을 중심으로 그 주위를 선회하고 있는 8개의 행성(수성, 금성, 지구, 화성, 목성, 토성, 천왕성 그리고 해왕성)과 그 주위를 돌고 있는 위성 그리고 소행성과 혜성 및 유성 등으로 하나의 계(界)를 이루고 있다는 것입니다. 태양은 자기 자녀들을 거느리고 살아가는 가장이 아니겠습니까? 우리의 지구는 당연히 태양계의 한 일원이고요.

태양계의 형성 기원 - 태양계의 형성 기원에 관한 이론으로 여러 설이 있지만 가장 유력한 것은 성운설(星雲說, the Nebular Theory)입니다. 이것은 우주 초기에 형성된 우리 은하가 회전하면서 성간 물질인 먼지와 가스 덩어리에서 태양과 행성 등이 생겨났다고 보는 이론입니다. 우리 은하에서 생성되어 존재했던 한 거성(巨星)이 생을 마감하면서 초신성이 되어 평생 만들었던 원소 및 물질들을 우리 은하에 쏟아 흩뿌렸으며 그 막대한 원소 및 물질들이 중력수축작용을 계속하면서 약 46억 년에서 50억 년 전에 태양과 행성들이 만들어졌다고 보는 것입니다. 중심 온도가 높아 핵융합 반응을 일으키는 물질은 태양이라는 별이 되었고 그렇지 못한 물질은 우리 지구 등의 행성이 되었던 것입니다.

태양계 천체들의 공전 중심 - 태양은 지구를 비롯한 태양계 천체들의 공전 중심이 되는 별로 지구에서 약 1억 5천만 km 떨어진 거리에서 천천히 자전하면서 (적도에서는 25일, 극지방에서는 33일 소요됨) 매초 9.2×10^{22} Kcal라는 막대한 물질 입자와 전자기파 (빛) 형태의 에너지와 미립자들을 뿜어내고 있으며 이렇게 앞으로 50억 년은 더 지속될 거라고 합니다. 태양은 우리은하의 중심에서 남서 방향으로 1억 4천9백6십만km 떨어져 있는 가장 가까운 별로 지름 139만 2,000km이며 태양계 전체 질량의 99퍼센트를 점유하고 있다고 합니다. 그리고 이것은 우리 지구 질량의 33만 배가 되는 것이고요.

태양계가 우리 은하를 중심하여 1번 공전하는데 약 2억 2천6백만 년이 소요된다고 합니다. 태양은 전혀 움직이지 않는다는 우리의 상식은 맞지 않는다는 것이 증명된 셈입니다. 그리고 태양의 구성

원소는 대부분 수소이지만 소량의 헬륨과 다른 원소들도 포함하고 있다고 합니다. 그럼 태양 내부와 외부의 구조는 어떠할까요?

태양의 내부 구조 - 태양의 내부는 중심핵과 복사층과 대류층으로 구조되어 있다고 합니다. 중심핵을 섭씨 1,600만 도를 유지하며 핵융합을 하여 복사층을 통과하여 나가는 동안 태양의 구성 물질과 충돌하여 에너지를 잃지만, 대신 그것은 열과 빛으로 전환됩니다. 그래도 어렵게 복사층을 통과한 입자들이나 감마선 그리고 광자들은 너무나 지친 상태여서 더 이상 밖으로 나갈 수 없는 지경에 이르게 되는데요, 거기에다 중심핵에서 핵융합으로 만들어지는 에너지는 계속 공급되고 있는 상황이기 때문에 복사층에 축적된 에너지를 밖으로 전달하기 위해서 복사층을 둘러싸고 있는 층에서의 대류로 에너지를 전달하게 됩니다. 이렇게 하여 태양의 중심핵에서 만들어진 모든 에너지는 복사층을 통과하여 대류층으로 전달되어 우주 공간으로 방출됩니다. 그런데 이렇듯 중심핵에서 만들어진 에너지(빛)가 70만 km 떨어진 태양 표면에 도달하는 데는 무려 약 1,000만 년이 소요된다고 합니다. 그러니까 우리가 접하는 태양의 빛은 약 1,000만 년 전에 만들어진 것이며 지구까지 약 8분 정도에 도착한다고 합니다.

태양의 외부 구조 - 태양의 외부는 광구와 채층 그리고 코로나까지를 말합니다. 광구란 태양의 표면을 말하며 아주 얇은 가스층이라고 합니다. 섭씨 6,000도로 우리 지구의 내부 온도와 같습니다. 뒤틀린 자기장(磁氣場, magnetic field)으로 인해 균일하지 못하며 이 때문에 에너지와 물질 입자가 분출되는 플레어(flare, 너울거리는 불길)

현상과 흑점(Sunspot) 현상이 일어납니다. 흑점은 매우 밝고 온도가 낮은 광구 표면에 생기는 어두운 무늬인데요. 지구 크기의 몇 배나 되는 것도 있다고 합니다. 천문학의 영웅, 갈릴레오 갈릴레이가 발견했답니다.

채층이란 광구면 위의 두께 5,000km 섭씨 4,500도에서 20,000도에 이르는 선홍빛 대기층을 일컫습니다. 채층에서 일어나는 현상으로 홍염(우주 공간으로 뿜어져 나가는 고온의 기체)과 플레어(flare, 흑점 부근에 축적된 자기 에너지로 인한, 채층에서 코로나 속으로 솟구치는 돌발적인 폭발 현상)와 스피큘(spicule, 채층의 상층부에 폭 1,000km, 높이 1만km에 이르는 기체 수직 기둥으로 초속 15~30km의 속도로 상승했다가 다시 채층으로 떨어짐) 그리고 플라류(채층에서 생기는 백반 현상 – 태양 표면에 가스가 상승하는 부분을 말하며 쌀알 조직이라고도 함)가 있습니다.

끝으로 코로나(Corona)인데요, 이것은 채층 바깥 쪽의 상층 대기층을 형성하는 부분으로 밀도는 희박하지만, 강한 전파와 X선을 방출하여 섭씨 100만 도에서 500만 도가 됩니다. 활동하는 흑점 위의 코로나는 약 1억 4천만 km의 우주까지 뻗어 나가는데 이 거리는 태양으로부터 1억 5천만 km 정도 떨어져 있는 지구의 근처에까지 도달하기 때문에 볼 수 있어 우리에게는 익숙한 광경이기도 합니다.

다음은 태양이 내 뿜는 가스로 인해 발생하는 오로라 현상과 태양이 내뿜는 막대한 복사 에너지 중 중성미자에 대하여 간단히 기술해 보려 합니다.

오로라 - 원자는 자기 몸의 일부인 전자를 잃게 되면 흥분합니다. 그리고 전자를 찾은 후에는 안정을 되찾습니다.

이렇게 원자의 흥분이 가라앉은 안정된 상태에서 발산되는 빛이 바로 '오로라'인 것입니다. 그리고 그 빛의 발생원인 원자나 분자의 종류에 따라 다른 색을 내게 되는 것이죠. 신비스럽게 보이는 빛의 띠인 오로라의 발생 경위는 태양이 내 뿜는 가스로부터 시작됩니다. '태양풍'으로도 불리는 가스는 하전입자인 전자나 양성자 등의 미립자 등을 품은 채 지구에 도달하지만, 이 미립자들은 지구를 둘러싸고 있는 자기(磁氣)에 의해 극지방으로 밀려 나가 대기 중의 산소와 질소 등의 원자 및 분자의 전자를 못살게 흔들어 전자를 높은 에너지의 궤도로 쫓아냅니다. 자신들의 분신인 전자를 잃은 원자 및 분자는 불안정하여 흥분되어 들뜬 상태가 되는데요. 하지만, 이 상태는 잠시로 오래가지 못합니다. 집에서 쫓겨난 전자는 곧 낮은 에너지의 궤도를 타고 다시 집으로 돌아오게 되는 것이죠. 이제 원자 및 분자는 원 상태를 회복하여 안정된 상태를 유지하게 되는데요. 이때 높은 에너지와 낮은 에너지의 궤도 에너지 차이에 해당하는 빛(전자기파)이 '오로라'라는 발광(光)의 현상입니다. 그리고 그 발광은 산소 또는 질소 색인 적색이나 황록색의 오로라 색으로 나타나는 것이고요.

우주의 무법자, 중성미자 - 우리의 세계를 형성하는 기본 물질인 소립자 중의 한 종류인 중성미자(中性微子, neutrino)는 현재 3종으로 알려져 있습니다. 전자 중성미자, 뮤온 중성미자 그리고 타우 중성미자가 그것인데요. 이것은 하전입자와 결부되는 상태에 따라 구분된다고 합니다.

중성미자의 방출원은 초신성, 태양 그리고 지구 대기입니다. 초신성 폭발이 중성미자를 방출한다는 것은 1987년에 발생했던 대마젤란 은하(지구에서 16만 년 광년의 거리) 속의 한 초신성 대폭발 속에서 중성미자를 포착함으로 증명해 내었고 이후 태양이 방출하는 중성미자와 대기 중에서 양성자의 붕괴로 만들어지는 중성미자도 입증해 내었다고 합니다. 초신성 폭발에서는 3종의 모든 중성미자와 반 중성미자가 방출되며 태양은 전자 중성미자를 그리고 지구의 대기는 전자 중성미자와 반 중성미자와 뮤온 중성미자를 방출한다고 합니다.

우주의 에너지는 크게 물질에너지와 복사에너지 그리고 블랙에너지로 나누어진다고 합니다. 이 중 물질에너지는 바리온 즉 원자로 구성된 물질에서 나오는, 아인슈타인의 $E=mc^2$이 적용됩니다. 복사에너지는 렙톤이라는 가벼운 입자인 광자나 중성미자가 만들며 블랙에너지는 아직 그 정체가 밝혀지지 않고 있다고 합니다.

복사 에너지의 일종인 중성미자는 오만한 존재인 것 같습니다. 이 세상 모든 물질의 존재 자체를 아예 무시합니다. 중력도 중성미자에게는 아무것도 아닙니다. 전자기력에도 전혀 반응하지 않는다고 합니다. 그런고로 온 우주 자체가 중성미자에게는 완전히 허공입니다. 혹시 자신만이 우주 속에 유일한 존재라고 착각하고 있는 건 아닌가요. 원자의 질량을 다 가지고 있는 원자핵은 원자 크기의 10만 분의 일이라니까 원자로 구성되어 있는 우리의 몸도 중성미자에게는 텅 빈 공간인 셈입니다. 지금 이 순간도 매초 수조 개의 중성미자가 우리 몸을 허락도 받지 않고 무시로 불법 관통하고 있을 수도 있다고 봅니다. 그리고 그뿐 아닙니다. 지구나 별, 은하 등도 눈 깜짝할 사이에 관통하고 맙니다.

태양의 경우 양성자와 양성자의 순환 반응이나 탄소-질소-산소의 순환 반응의 결과로 생기는 질량 결손에 해당하는 에너지가 감마선과 중성미자의 형태로 방출되는데요, 앞서 언급했듯이 감마선은 어렵게, 어렵게 태양의 구성입자 및 전자 그리고 양성자와 전투를 벌이면서 격렬하고 치열한 삶을 살아 내면서 태양의 내부를 가열하고 빛을 생산하지만, 이 중성미자는 아예 다릅니다. 치열한 삶은 커녕 2, 3초 만에 태양을 빠져나와 종횡무진 우주를 날아다닙니다. 고생을 모르고 자란 귀공자라 진정한 의미의 삶을 모른다고 하겠으나 제가 중성미자에게 호감을 갖는 것은 비록 이것이 '우주의 무법자'라 할지라도 소리 없이 조용히 그리고 자기를 감춘 채 우리의 우주를 구성하고 있기 때문입니다.

누리詩

신제품

어떤 꽃이 불평합니다
햇님! 신제품을 주셔야지요!

햇님이 답합니다. 그게 신제품이에요

어떤 꽃이 놀랍니다, 네에?!

햇님이 말합니다. 그거 만드는 데 천만 년이 걸려서 그래요

어떤 꽃이 소스라칩니다, 어마나!

햇님이 말합니다. 왠지 아세요? 내 몸 쎈터에서 만들 거든요 그런데 그게 내 피부까지 가는데 그렇게 걸린다니까… 내가 너무 큰 거지…

어떤 꽃 알았다는 듯, 그럼 그게… 신제…

햇님이 안심시키려는 듯 말합니다. 그래도 빨리 보내잖아요. 8분 만에 …

어떤 꽃, 수긍하며 말합니다.
그게… 그럼 그 빛이…

빛

제가 60대에 이르러 도서관을 찾아가 처음으로 서가에서 꺼내든 책이 이석영 박사의 「모든 사람을 위한 빅뱅 우주론」이었습니다. 영국 옥스퍼드 대학 교수 그리고 현 연세대 교수로 재직 중인 이 박사는 모든 것이 엉켜져 있던 우주 나이 38만 년의 상태를 '호박죽'처럼 이라고 표현했는데요, 이 호박죽 안에는 광자, 원자핵, 전자, 인플라톤 등이 뒤죽박죽 섞여 있었던 것이죠. 그런데 이 와중에도 물질과 반물질은 쌍생성과 쌍소멸을 지속하면서 빛을 만들어 내고 있었다고 합니다. 그리고 그 빛은 결합되지 못한 원자핵과 전자 등의 사이를 마구 날아다녔고요. 당시의 고온 고밀도의 우주는 야단법석의 아수라장이었다는 표현이 맞을 것 같습니다. 이런 상태를 '플라스마 상태'라고 한다는데요. 그런데 어느 한 순간 이 상태가 풀리기 시작합니다. 우주의 팽창이 다시 일어난 것이죠. 우주는 넓어지면서 맑아지기 시작합니다. 자유로워진 빛은 사방팔방으로 직진해 나갑니다. 그러니까 '빛'은 우주가 만들어 낸 첫 물질인 것이죠. 그리고 원자핵과 전자는 결합하여 원자를 빚기 시작하는 등의 작업이 쉼 없이 진행됩니다. 이때 방사된 빛을 '우주 배경복사'라고 부른답니다.

복사 – 복사(輻射, radiation)란 어떤 발생원인 복사체(輻射体, radiator)가 있어 그것이 사방팔방으로 에너지를 쏘아대는 것을 말합니다. 그리고 그 에너지는 주위의 매질을 통해 전파되어 나가는 것으로 그 과정과 그 과정 중에 포함되어 있는 에너지를 복사 에너지라고 한답니다. 그러니까 태양은 복사체이고 복사 에너지는 빛으로 우리가 일상 대하고 있는 존재입니다. 이것은 비단 태양뿐 아니라 우주 전체의 별들과 은하들도 자신들이 만든 에너지를 매 순간 우주를 향해 방사하고 있는 것이죠. 별들과 은하들도 복사체로서 그리고 그들이 만든 에너지는 복사 에너지로서 우주에 방사되어 존재하는 것입니다.

우주 나이 38만 년의 플라스마 상태에서 둘려 난 우주는 우주 배경 복사(microwave background radiation)를 방출했는데 이것은 광의의 빛에 속하는 전자기 복사의 형태로 그 잔광은 138억 년이 지난 지금에도 팽창하는 우주와 함께 퍼져 나가고 있다고 합니다. 물질이 전혀 존재하지 않으며 다른 장(場)이나 힘에 의해 전혀 방해받지 않는 자유공간에서의 전자기파는 광원이나 관찰자의 속도와 관계 없이 빛의 속도 초속 30만 km 또는 느린 속도 그러나 열속도보다는 훨씬 빠른 속도로 움직인다고 합니다.

복사는 우주 진화에 중요한 작용을 한 것으로 믿어지고 있으나 그 기여 정도는 분명하지 않다고 합니다.

빛의 정체 - 빛이란 대체 무엇인가? 전자기학(電磁氣學, electromagnetic science)의 창시자인 미국의 제임스 맥스웰(James Maxwell, 1831-1879)은 '빛=전자기파'라고 제시했습니다. 전자기파란 전기장(電氣場)과 자기장(磁氣場)이 함께 운동(진동)하면서 나아가는 (파동) 것을 말합니다. 전기장이란 전기력이 이치는 범위(마당)이고 자기장은 자기가 미치는 범위(마당)를 말합니다. 그런데 이 두 장은 마치 부부와 같아서 항상 같이 다닙니다. 이렇게 함께 전자기파장을 형성하여 나아가면서 전자 등 하전입자를 만나면 그 하전입자는 그 전자기파로부터 힘(에너지)를 받아 흡수하여 어떤 에너지(열)를 산출하는 결과를 만듭니다. 즉 전자기파가 자신의 에너지를 하전입자에 옮기면 그 하전입자는 그 에너지를 받아 빛을 발한다는 것입니다.

원자핵도 하전입자인 만큼 이론적으로는 전자기파가 그것을 움직일 수 있다고 보지만 전자의 약 1,800배 이상의 질량을 가진 원자핵을 움직이기에는 역부족이라고 합니다. 그러니까 전자기파는 만나는 물체의 전자(電子, electron)를 자극하여 운동하게 만드는 것으로 이해하면 될 것입니다. 우리의 눈도 전자기파인 가시광선이 망막 원추세포의 감광색소 속 분자의 전자를 흔들어 그 분자구조를 바꾸면서 시신경이 뇌로 시각정보를 보내는 것입니다. '흔든다'는 것은 '못살게 군다'로 이해될 수 있습니다.

의료에 많이 쓰이는 자외선 등 X선, 감마선이 우리 인체에 해로운 것은 이들 전자기파가 우리 몸속의 전자를 뒤흔들 수도 있기 때문입니다. 전자기파가 우리 몸속의 세포를 뒤흔듦으로 해서 세포핵 속 DNA 분자 속에 있는 전자가 거기서 살지 못하고 뛰쳐나가게 되어 DNA의 결합물은 훼손되고 절단되는 상처를 입게 되는 것이라 해롭다는 것입니다. 그러니까 전자기파는 본질적으로 만나는 물체의 원자 속의 전자를 뒤흔들어 못살게 하여 그곳에서 쫓아내는 존재인 것입니다.

그러면 어째서 전자기파는 에너지를 가지는 것일까요? 이 의문에 명쾌한 답을 제시한 학자가 알버트 아인슈타인(Albert Einstein, 1879-1955)입니다. 그는 전자기파가 에너지를 가지는 것은 그 속에 에너지의 최소 단위인 광자(光子, Photon)인 광양자(光量子)가 존재하기 때문이라고 했습니다. 그러므로 전자기파는 광자를 가진 채 파동으로 움직이는 '에너지 덩어리'라고 정리될 수 있을 것입니다. 그래서 빛은 입자인 동시에 파동인 것이 됩니다. 그런데 전자기파가 만나는 물체에게 에너지를 얼마나 잘 전달하느냐는 '파장'에 달려 있다고 합니다. 만나는 물체의 전자를 뛰쳐나오게 (광전효과) 하려면 어느 정도는 쎄야(강해야) 할 것인데요, 쎄려면 파장이 짧고 진동수가 많아 격렬하게 운동하는 광자라야 그 임무를 수행할 수 있을 것입니다. '임무'란 이제 우리가 다 알고 있는 '전자를 못 살게 구는 일'인 것입니다. 그리고 하나의 광자는 오직 하나의 전자만을 상대(움직이는)한다고 합니다.

빛의 종류 - 빛의 종류는 파장이 긴 순서에 따라 전파, 마이크로파, 적외선, 가시광선, 자외선, X선 그리고 감마선으로 구분될 수 있습니다. 전파는 휴대 전화 등 통신에, 적외선을 물건을 데우거나 몸을 따뜻하게 하는 용도에, 가시광선은 우리 사람들로 하여금 사물을 보게 하는 작용을, 자외선은 우리의 몸을 타게 하는 원인이 되며 X선, 감마선은 의료에 많이 쓰이고 있는 거고요.
그런데 이렇게 많은 빛 중 왜 우리는 아주 작은 부분인 가시광선만이 우리 시야에 잡히는 걸까요? 그것은 지구를 둘러싸고 있는 대기가 가시광선만을 무사통과시키기 때문이라고 합니다. 가시광선을 제외한 빛들은 지구의 대기가 흡수하거나 차단한다는 것입니다. 긴 파장인 전파의 일부는 지상에 도달하여 통신용으로 사용되지만, 대부분은 전리층(대기층의 공기 분자가 태양에서 온 전자기파를 이온화 즉 전자를 분리해 떼어내는 층으로 고도 60~500km 정도)에서 반사되어 지상에 이르지 못하며 적외선의 대부분은 대기 중의 물이나 이산화탄소에 의해 흡수 또는 산란되며 자외선의 대부분은 대기 상충의 오존에 의해 흡수되며 X선과 감마선은 질소나 산소 분자에 의해 흡수되어 대부분 지상에 이르지 못한다고 합니다.
그러면 우리 사람들이 늘 맞이하면서 살고 있고 또 인류 및 모든 생명체의 생존 원천이 되는 빛, 가시광선은 어떤 존재이겠습니까?

가시광선 - 빛은 직진하는 성질을 가지고 있다고 합니다. 은하의 천체로부터 방출된 빛은 사방팔방으로 직진하면서 지금의 대기층에 걸러져 가시광선(可視光線)만이 통과하게 된다는 사실을 우리가 다 알고 있습니다. 그럼 그렇게 통과된 가시광선은 자신의 성질 대로 무사 직진할까요? 아니라고 합니다. 가시광선 역시 지상의 방해물을 맞닥뜨리게 된다는 것이지요. 여러 사물들이기도 하고 공기층이기도 합니다. 가시광선은 이러한 방해물들을 만나 그것들의 영향을 받아 다음과 같은 스펙트럼 현상, 무지개, 유리잔, 신기루, 비눗방울, 저녁노을 그리고 파란 하늘과 파란 지구 등의 분산, 굴절, 반사, 간섭 그리고 산란의 반응을 보이며 광원과 매질(진공)에 대한 정보를 제공하게 됩니다.

스펙트럼 - 영국의 과학자 아이작 뉴턴에 의해 발견되었는데요. 백색광으로 우리눈에 들어온 빛이 프리즘을 통과하면 빨강, 주홍, 노랑, 초록, 파랑, 남 그리고 보라색으로 분산되는 스펙트럼을 형성한다는 것이죠.

무지개 - 이 일곱 빛깔을 그대로 나타내 주는 현상이 바로 무지개입니다. 비가 그친 후 간격을 둔 공중에 나타나는 무지개는 그 공중에

남아 있는 물방울들을 통과하는 빛의 분산인 것이죠. 그리고 분산이 있기 전에 물방울 안에서 2번의 굴절작용이 있었던 것이고요. 여기서 물방울은 프리즘 역할을 한 것이죠. 그러니까 무지개는 빛과 물방물의 공동작품인 것입니다.

유리잔 - 굴절현상의 또 다른 예인데요. 빛이 물이나 유리를 만나면 꺾이게 되는데요. 이는 공기와는 다른 물 또는 유리라는 매질을 만남으로 잠시 주춤하여 속도가 느려짐과 동시에 진행 방법이 바뀌어 굴절되는 것이라고 합니다.

신기루 - 사막의 신기루 현상은 뜨거운 지면 위의 공기층에 의해 빛이 모두 반사되는 전(全) 반사로 인해 마치 물처럼 보이게 되는 것입니다. 다이아몬드가 찬란한 광채를 발하는 것도 전 반사 현상이라고 합니다.

비눗방울 - 비눗방울의 다양한 색채는 빛의 간섭으로 본다는데요. 이는 여러 개의 빛의 흐름(파동)이 겹쳐 새로운 파동을 발생시키거나 상쇄하기 때문이라고 합니다.

저녁노을 - 저녁노을이 붉은 것은 지평선 또는 수평선의 태양빛이 우리 시각에 들어오는 동안 긴 거리를 통과하면서 파장이 짧은 푸른빛은 상실되고 파장이 긴 붉은색만 산란, 반사되어 우리 눈에 들어오게 되기 때문이라고 합니다.

파란 하늘, 파란 지구 - 하늘이 파란 것은 지구의 대기가 태양빛을 레일리 법칙에 따라 산란시키기 때문이며 우주에서 본 우리의 지구가 파란빛을 보이는 것도 마찬가지로 레일리 법칙에 따른 빛의 산란이라고 합니다.

우리가 어떤 물체를 볼 수 있다는 것은 그 물체가 자체 속으로 들어온 빛을 (난)반사하기 때문이라고 합니다. 흰색으로 보이는 물체는 자체에 들어온 빛 모두를 (난)반사하기 때문이며, 빨간색으로 보이는 물체는 자체에 들어온 빛 모두를 흡수하고 빨간색만 (난)반사하기 때문인 것이며 반대로 반사 없이 모든 빛을 흡수한다면 그것은 검정색으로 보일 것입니다.

그런데 이러한, 어떤 물체를 볼 수 있는 것은 우리 눈의 각막과 수정체를 통과한 빛이 뒤의 망막에 이르러 감광색소를 가지고 있는 원추세포를 만나 시신경을 통해 뇌로 연결되어 이루어지는 데요, 이 원추세포들은 빨강, 파랑, 초록의 빛을 받아들이는 각각의 역할을 한다고 합니다. 그런데 조류들은 인간들보다 더 선명한 세계 속에서 산다고 합니다. 그것은 조류는 우리 인간들보다 한 가지 더, 자외선을 감지할 수 있는 원추 세포를 가졌기 때문이라고 하네요. 반면 인간을 제외한 포유류는 두 가지 색깔만 받아들이는 원추세포를 가지고 있기 때문에 우리 인간들 보다는 덜 선명한 세계 속에서 살고 있다고 합니다.

누리詩

어떤 개인 날

비가 내립니다 그리고 그칩니다

태양이 청혼합니다
"우리 결혼해요"

물방울이 답합니다
"저는 단명할 운명인데요"

태양이 말합니다
"영원한 건 없잖아요"

〈이들 결혼합니다〉

태양, "자녀를 두고 싶어요"

물방울, "어떻게 키우겠어요? 당신은 거기 계시고
저는 곧 사라질 텐데요"

비가 많이 쏟아집니다. 그리곤 그칩니다. 날이 개입니다

〈이들은 자녀를 갖습니다〉

아기가 태어납니다
태양이 방긋 웃습니다

무지개 -

그런데

그 무지개
어머니, 물방울과 함께
이 땅을 떠난다고 합니다

우리들, 인간

　가장 신뢰 받는, 유일한 우주론인 '빅뱅 우주론'은 우주 그리고 그 안에 존재하는, 인류를 포함한 모든 생명체는 우주 자신이 만들어 내었다고 합니다. 138억 년이라는 긴 시간을 고비고비 넘기면서 상전이를 통해 진화시켜 생산해 내었다는 것이죠.
그런데 저는 이 생명체들 가운데 우리들, 사람이 가장 아름다운 생명체라고 생각합니다. 그 아름다움에 내재하는 오묘하고 은밀한 질서는 신묘불측(神秒不測)이라는 표현밖에 불가하다고 생각합니다. 우리 인간은 참으로 정교한 복합체로 많고 다양한 조직으로 형성되어 지극히 많은 행동과 다양한 생각이 가능한 존재이지만 탄생 이전으로 돌아가면 하나의 정자와 난자의 결합체인 수정난에 이르고 결국 수정난 세포의 염색체 속 DNA로 단순화됩니다.

　우리는 모두 이 땅에 태어나기 전 어머니의 자궁 안에서 오묘하고 절묘하며 은밀한 질서로 만들어진 생명입니다.
가장 작은 세포인 정자(0.06mm)와 우리 육안으로도 잡히는, 가장 큰 세포인 난자(0.1mm)의 결합으로 수정난인 단세포를 형성한 약 30분 후부터 참으로 신비한 질서인 세포 분열을 통해 100조 개라는 어마어마한 수의 세포를 가진, 육체와 정신과 영혼으로 조성된 아기로 태어납니다. 그리곤 일생은 살아가게 되는 거죠. 저는 여기서 육체와 정신 그리그 영혼에 대하여 조금 말해 보려 합니다.

육체(肉体, body) - 우리 몸은 100조 개의 세포가 작동되는 유기체로 기능별로 나누면 뇌세포, 혈액세포, 생식세포 등으로 약 230 종으로 나눌 수 있다고 합니다. 그리고 우리 몸은 매일 3천억 개의 세포를 새로 생산한다고 합니다. 따라서 매일 3천억 개의 세포가 사멸한다는 것이 되겠습니다. 이렇게 열심히 일하는 세포 덕분에 가만히 앉아만 있어도 피곤한 것일까요? 그리고 뇌세포를 제외한 우리 몸의 세포는 주기적으로 증식과 사멸을 거듭한다고 하는데요. 위벽은 3~4일 만에 혈액세포는 4달 정도 등으로 바뀌어 우리 몸 전체는 7년에 한 번씩 완전히 새로운 세포의 몸이 된다고 하죠. 이런 우리 몸의 구조를 기능별로 나누면 혈액순환의 기능인 심장, 호흡 기능의 허파, 소화와 배설 기능의 소화기관, 감각의 정보전달 기능인 신경조직, 호르몬 분비 기능인 내분비계, 남성과 여성의 생식기관, 그리고 이 모든 것을 관장하는 뇌 조직과 이 모든 기관을 보호하는 피부 및 뼈조직입니다.

정신(精神, soul) - 스스로 고등동물이라고 자처하는 우리 사람들은 다른 동물들과 차이점이 있습니다. 곧 정신을 가지고 사유(思惟)하는 삶을 산다는 데 있다고 생각합니다. 이러한 정신세계를 관할하는 기관이 '뇌'인데요. 우리 인간 활동의 총사령부라 할 수 있겠습니다. '소우주'라고 일컬어지는 우리의 뇌는 부드러운 단백질의 약 1.4 kg의 무게를 가진 물체이지만 1,000억 개에 달하는 신경세포(Neuron)를 가지고 있다고 합니다. 1,000억이라는 숫자가 또 나오는데요. 이것은 앞에서 언급된 바 있는 우주 속의 은하의 수, 그 은하 속의 별의 수 그리고 지금까지 살다 간 사람들의 수와 같습니다. 또한 신경세포에게 자극을 전달하는 Synapse는 약 100조 개에 달한다고 합니다. 그리고 신경세포에게 에너지를 공급하고 건강을 유지하는 역할의 세포가 1조 개라고 합니다.

영(靈, spirit) - 영이란 무엇일까요? 어떤 모양일까요? 우리가 우리의 작디작은 눈으로 우주 전체를 바라볼 수 있다는 것. 그리고 그 뒤 어딘가에 존재한다고 생각되는 그 어떤 영원성에 대한 의문, 이것은 아마도 우리 영의 작용이 아니겠습니까? 유한한 존재인 우리들이 그 어떤 영원한 것을 희구하는 그 자체는 이미 우리 육체의 눈이 아닌 영적인 눈의 작용이 아니겠습니까? 그러므로 저는 우리 인간의 본질을 '영'이라고 보는 사람 중 한 사람 입니다. 본질은 사라지지 않는 것, 육체와 정신은 없어져도 영은 영원성을 갖는다고 봅니다.

그렇다면 우리의 영은 우리 육체의 어디에 존재할까요? 우리 몸 어디에 존재하긴 하는 걸까요? 아니면 우리 몸 주위를 맴도는 존재일까요?

뉴버그의 실험 - 이러한 의문을 품은 심장학 전문의인 앤드류 뉴버그의 실험 이야기를 들려 드릴까 합니다. 이 이야기는 독일 태생인 리하르트 프레히트의「나는 누구인가? (Wer bin Ich)」에서 소개된 내용입니다.

실험 대상은 프란체스코 수도회의 수도자와 선불교에 입문한 티베트의 승려를, 뉴버그는 MRI를 이용하여 피실험자의 뇌에 공급되는 피의 양을 실시간 관찰하면서 피실험자들이 명상을 통하여 자신들이 믿고 있는 세계로 들어가 명상 또는 무아지경의 정점에 도달했을 때 즉각 스위치를 눌러 알려 줄 것을 부탁. 그런데 그들이 스위치를 눌렀을 그 순간에 특히 눈에 띄는 부분은 두정엽과 전두엽이었다고 합니다. 두정엽의 활동은 저하되는 반면 전두엽의 활동은 증가했다고 합니다.

뉴버그는 이 실험을 통해 뇌의 한 부분인 전두엽에 신(神)이 설치한 센터가 있음을 발견했다고 하면서 신(神)이야말로 전두엽에 능력을 구상하는 주체이며 이것은 우연이 아닌 필연으로 뇌 속에 깊이 뿌리 내리고 있다고 주장했다고 합니다.

Dr. 뉴버그의 이러한 실험이 얼마만큼의 진실을 규명했는지는 알 수 없으나 후두엽, 측두엽 등이 각각의 기능을 행하고 있듯이 전두엽이 신의 센터의 기능을 한다는 그의 주장은 어쩌면 진실일 수도 있다는 생각이 듭니다. 神은 인간 뇌의 한 부분에 자신의 속성을 심어 인간은 자신에 의해 생성된 존재임을 우리 인간으로 하여금 알게 하려 했을 것이라는 추측입니다. 그래서 우리 인간 내면의 저변에는 우주 및 인간생성의 원인(原因)인 궁극의 존재 즉 神에 대해 알고자 하는 강한 욕구가 존재한다고 할 수 있는 것이 아니겠습니까.
이렇듯 神에 대해 알고자 하는 마음을 갖는 우리는 영적 존재이며 오직 우리 인간에게만 주어진 神의 배려일 것이라는 생각을 하게 됩니다.

최고의 작품 - 이렇게 오묘한 존재인 우리 인류는 크기로 보면 광활한 우주 속의 참으로 미미한 존재임이 맞습니다. 그러나 우리, 사람들의 사유와 추측은 우주 전체를 넘나 듭니다. 우리들은 모두 어머니로부터 태어납니다. 그리고 어머니는 그녀의 어머니로부터… 거슬러 올라가면 최초의 어머니, 인류의 조상에 이르게 됩니다. 그 조상은 은하에 흩뿌려진 초신성의 원소를 재료로 생성되었습니다. 그러니 우리는 모두 은하의 작품이며 초신성의 후예로 빅뱅이 만들어낸 우주 만물 중 가장 뛰어난 최고의 작품이라 하겠습니다.

누리詩

우리 모두는

어떻게 이렇게 오묘한 존재인가, 우리 모두는
How recondite we are

어떻게 이렇게 신비한 존재인가, 그리고
How marvelous we are

어떻게 이렇게 경이로운 존재인가, 또한
How wonder we are

얼마나 고독한 존재인가
How lonesome we are

해서

얼마나 불완전한 존재인지
How defective we are

그럼에도

우리 모두는 사랑의 존재인 것을!
We all are the Love itself!

하늘

바다는 어떤 면에서 저를 아프게 하는 존재라면 하늘은 저를 무한히 정화하며, 동시에 영원에 대한 그 무엇을 갈구하게 하는 존재입니다. 저는 구름이 있는 하늘보다 그렇지 않은 하늘을 더 선호합니다. 그 맑음을, 그 높음을, 그 푸르름을 더 선명히 볼 수 있어서입니다.
그럼 '이런 하늘의 높이는 얼마나 될까요?'라고 묻는다면, 이석영 박사는 「모든 사람들 위한 빅뱅 우주론 강의」에서 다음과 같이 말하고 있습니다. 7에서 8쪽인데요.

'하늘이 저 위에 보이는 구름이 둥둥 떠다니는 곳까지라면 하늘의 높이는 약 10킬로미터라고 할 수 있지만, 만일 푸르른 창공이라면 태양 빛을 레일리 법칙에 따라 산란시키는 지구 대기까지의 높이인 약 100킬로미터라고 답해야 할 것이다. 하지만 별들이 반짝이는 밤하늘을 보고 말하는 것이라면 가장 멀리 있는 우리 눈에 보이는 별까지의 거리인 약 9,500조 킬로미터 약 1,000광년이라고 말해야 할 것이다. 하지만 별과 별 사이 아무것도 보이지 않아 까맣게 보이는 허공의 높이를 묻는 것이라면 하늘의 높이는 100억 광년 이상이라고 말해야 한다. 더 나아가 그 아이가 말한 하늘이 온 우주에 퍼져 있는 우주배경복사를 말하는 것이라면 하늘의 높이는 수백억 광년이 된다.'

하늘=우주 - 그렇다면 하늘의 넓이는? 우리 지구를 둘러싼 물질이 하늘이라면 그 높이만큼 그 넓이가 되지 않겠습니까. 그리고 하늘=우주가 될 것이고요. 우리가 일반적으로 '하늘'로 부르는 곳은 짧게 보면 창공인 100km까지, 조금 더 길게 본다면 9,500조 km까지가 아니겠습니까. 그러니까 이 하늘은 우주의 초입이 되는 동시에 우주인 것 같습니다.

우주의 크기 - 우주의 크기를 다른 방식으로 말해 보려 합니다. 우주는 태양과 같은 별을 1,000억 개에서 2,000억 개를 품고 있는 은하를 무려 1,000억 개 이상을 거느리고 있는데 이것은 우리 눈에 들어오는 '가시 우주'에서만 그렇다는 것이니 우리의 우주가 얼마나 광활한지는 상상을 초월한다고 할 것입니다.

또 달리 우주의 크기를 말하려 합니다. 태양과 지구 사이의 거리를 지구 지름의 약 1만 배라고 합니다. 그런데 별과 별 사이의 거리는 태양과 지구 사이 거리의 100만 배이고 은하와 은하 사이의 거리는 별과 별 사이 거리의 100만 배이며 우주의 크기는 가시적인 은하와 은하 사이의 약 1만 배로 약 200억에서 400억 광년으로 추정된다고 합니다. 1 광년이란 빛이 초속 30만km로 1년 동안 도달하는 거리를 말합니다. 그러니까 '1광년 = 30만km×60(초)×60(분)×24(시간) × 365(일)'이니 과연 '우주에 경계가 있을까'라는 생각이 듭니다.

특이점 - 이렇게 광활한 우리의 우주도 탄생 이전으로 거슬러 올라가면 138억 년 전의 무한히 작은 하나의 우주난(卵)인 특이점으로 단순화됩니다. 즉, 시간=0, 공간=0인 때입니다. 이러한 우주난이 빅뱅이라는 사건을 터뜨려 폭발하여 1차적으로 우주라는 시공간

(Spacetime)을 생성해 나가면서 2차적으로 그 속에 별과 은하 그리고 은하단과 초은하단을 만들었으며 또한 그 속에 빛과 복사에너지를 생성해냄과 동시에 블랙 물질과 블랙 에너지 등을 만들어 내었으며 3차적으로 다종다양한 약 800만 종의 생명체와 우리 인류를 만들어 내었다고 합니다.

블랙물질과 블랙에너지 - 암흑물질 그리고 암흑에너지로도 불리는 블랙 물질(Black Matter)과 블랙에너지(Black Energy)에서 블랙은 색을 말하는 것이 아니라 아직까지 정체를 모른다는 의미라고 합니다. 블랙물질은 은하들 사이사이에 분포되어 있는 물질이며 블랙에너지란 중력에 대한 반중력으로 우주 팽창의 주역인 아인슈타인의 '우주상수'에 해당된다고 합니다. 우주 팽창의 브레이크가 블랙물질이며 우주팽창의 가속 페달이 블랙에너지인 셈입니다. 그런데 우주를 편평하게 유지하기 위한 임계 밀도의 72퍼센트를 이 블랙 에너지가 차지하고 있으며 블랙물질이 24퍼센트 그리고 인류 및 지구상의 생명체들과 별과 은하가 4퍼센트라고 합니다. 우리가 그래도 좀 알고 있다고 자처하는 것은 우주 전체의 4퍼센트밖에 아닌 것이 됩니다. 그러니 우주 속에서의 지구 및 인간의 존재가 얼마나 미미한지를 새삼 느끼게 됩니다.

인류 원리 - 박뱅 우주론 속에는 인류원리(Authropic Principle)가 적용되고 있다고 합니다. 이 원리는 코페르니쿠스의 탄생 500 주년을 기념하는 학술회의장에서 천체 물리학자, 브랜든 카터가 처음 사용한 용어로 우리 인류는 특별히 선택된 시간과 공간 속에서 살고 있다는 이론입니다. 다시 말해 우주가 지금의 모습과 조금만 달랐어도 우리 인류는 출생될 수 없었다는 이론으로, 다시 말하면 우리 인류를 출생시키기 위해서 우주는 지금의 이 모습이라는 것입니다. 이것은 또한 오늘날의 우주를 만든 4가지 힘인 강력, 약력, 중력 그리고 전자기력의 세기가 인류 및 다른 생명체들이 생성될 수 있도록 조정되어 있었다는 논리로 우주는 팽창해 가면서 생명체들에게 우호적인 특성을 가지고 작용했다는 '미세 조정 원리'와도 같은 의미라고 합니다.

우주 배경 복사(宇宙背景輻射)의 10만 분의 1이라는 온도 변이를 발견하여 노벨상을 수상한 캘리포니아 주립대학 버클리 캠퍼스의 교수였으며 현 이화여자대학교에서 연구 중인 조지 스무트 박사는 '모든 우주의 구조물은 반드시 그럴 수밖에 없기 때문에 현재의 모습을 띠고 있다'고 하면서 '우리 인간의 진화과정은 태초의 순간 우주난에 이미 각인되어 우주의 DNA 안에 기록되어 있었다'라고 말하고 있으며 미국 뉴저지주에 소재한 프린스턴 대학의 물리학 교수였던 거장 프리먼 다이슨은 '내가 우주와 우주의 세부적인 구조를 조사할수록 우주가 어떤 의미에서 우리 인류가 출현할 것을 미리 알고 있었다는 확실한 증거를 발견 하게 된다'라고 말했다고 합니다.

우주 탄생 이후 오늘에 이르기까지 우주가 그 생성의 각각의 단계에서 보여준 정교한 작업은 오직 우리 인류를 생성해 내기 위함이었다는 '인류 원리'는 스무트 박사에 의하면 이미 원시 우주난에 입력되어 있었고 다이슨 교수에 의하면 그래서 우주는 우리 인류의 출현을 미리 알고 일해 왔다는 말이 됩니다. 우주는 우리 인류를 출생시키기 위해 오묘한 매커니즘을 통해 은밀히 138억 년을 쉼 없이 작업해 왔으며 인류를 출생시킨 후에도 인류의 진화 및 생존을 위한 에너지와 원소 등을 제공하면서 우주를 이끌어 가고 있다고 봅니다. 물리

학자, 프레드 호일이 다음과 같은 말을 했다고 합니다.
'우리의 우주는 인류의 출생을 위한 계획된 사건이다'라고.

우주의 사명 - 우주는 자신의 사명, 즉 우리 인류의 출생을 위해 작업해 왔으며 또 인류의 존속을 위해 존재하고 있음이 엄숙한 진실이라고 할 수 있겠습니다.

누리詩

하 늘

ㅣ
ㆍ

3. 영혼을 울리다

'영혼을 울리다'는 어떤 의미일까요?

저는 이렇게 생각합니다.

우리가 일상을 살아가면서 어떤 사건이나 사물 그리고 자연현상이 어느 순간, 조용히 또는 격렬하게 다가와 우리의 정서를 터치, 순간 고양되어 형용할 수 없는 환희에 싸여 뜨겁고 벅찬 눈물이 흐르게 되어 첫째, 인생의 전환점을 맞는다.

둘째, 잠시 또는 오랫동안 또는 일생을 통하여 기억되는 값진 울림으로 남는다.

전자의 경우 '파란 둥근 보석'과 '종소리' 후자의 경우, '맨해튼의 가을 하늘'과 '베토벤의 음악'을 들어 조금 얘기해 보려 합니다.

파란 둥근 보석 - 우리의 지구는 우주 공간에서 바라보면 자전축 23.45도 기울어져 돌고 있는 둥글고 파랗게 빛나는 보석처럼 보인다고 합니다. 파란빛을 내는 것은 지상 100km 정도의 상공 대기층이 태양으로 받는 빛들을 레일리 법칙에 따라 그중 파란빛만 전(全)반사, 즉 산란시키기 때문이며 23.45로 기울어진 것은 달의 중력 때문이라고 하죠.

1969년 우주 비행 중 이러한 광경을 목격한 어느 한 우주 비행사는 지상으로 돌아온 후 인생의 전환점을 맞았다고 합니다. 무신론자였던 그가 유신론자가 된 것이었습니다. 그후 그는 180도 달라진 삶을 사는데요. 즉 신(神)을 전파하는 삶을 살고 있다고 합니다. 이분은 그 아름답게 그리고 파랗게 빛나는 우리의 지구를 바라보는 순간 말로 표현 불가한 어떤 영혼의 울림을 받았다고 생각됩니다.

종소리 - 제 남편은 25세 때에 저녁 미사를 알리는 종소리에 눈물을 펑펑 쏟았다고 합니다. 곧바로 성당으로 달려가 신부님을 접견, 공부하여 세례받고 이어 견진성사까지 받았습니다. 그 후 남편은 타계할 때까지 신앙 안에서 삶을 살았습니다. 그도 말로 표현할 수 없는 그 어떤 영혼의 울림을 받았다고 생각됩니다.

맨해튼의 가을 하늘 - 1981년의 늦가을, 출근길이었습니다. 지하철 Lexington Ave.에서 내려 57가를 질러 가면서 성당에 들러 잠깐 참배를 드린 후 Park Ave.로 향해 걸어가는데, 순간 올려다본 하늘! 마음이 뜨거워지면서 눈물이 핑 돌았습니다. 아, 하늘이 어찌 이리 높을 수가! 아, 하늘이 어찌 이리 파랄 수가! 아, 하늘이 어찌 이리 맑을 수가! 잠시 멈춘 걸음을 다시 걸어 직장으로 향합니다.

　오, 무한의 하늘이여, 내가 무엇을 말할 수 있으리!

베토벤의 음악 - 베토벤의 음악을 듣고 있노라면 어느 사이 저는 그 어떤 영적인 그 어디에 가 있습니다. 이것은 베토벤이 자신을 태워 영혼으로 작곡했기 때문이라고 생각됩니다.
저를 울린 대표적인 곡을 작곡 시대순으로 보면 1806년의 바이올린 협주곡, 1808년의 교향곡 5번 그리고 1809년의 피아노 협주곡 5번인데요. 이 곡들은 베토벤의 전성기였던 30대 중후반의 작품들입니다. 그러나 또한 귓병으로 인한 정신적, 육체적 고통을 지닌 채 고군분투했던 시기이기도 합니다.

저는 이 곡들에 대해 좀 얘기를 해 보려 합니다.

Violin Concerto in D major, op 61
(바이올린 협주곡)

제1악장 - Allegro manon troppo (적당한 빠르기로)
제2악장 - Larghetto   (조금 느리게)
제3악장 - Rondo (Allegro)   (빠른 돌림으로)

〈총 45:49분 소요〉

이 곡은 베토벤의 유일한 바이올린 협주곡인 동시에 지금까지도 바이올린 협주곡의 왕좌를 당당히 차지하고 있습니다. 그의 굴곡 많은 인생의 고통을 담아냈다고 합니다. 여성적이고 감미로운 멘델스존의 바이올린 협주곡과 비교되는 곡이기도 한데요. 1844년 멘델스존의 지휘로 요하임의 연주 이후에 더욱더 그 왕좌를 굳혔다고 하며 요하임은 일생 동안 이 곡을 연주했다고 합니다.

전 악장이 장대하여 남성적이라는 평가를 받으며 각 악장마다 등장하는 더 없이 아름다운 테마가 있는 이 곡은 고요한 오케스트라의 제1 테마로 시작합니다. 이어 목관악기의 제2 테마 그리고 카텐차(cadenza)적인 독주 바이올린의 화려한 연주로 26분간 지속되는 소나타 형식의 제1악장은 이 악장만으로도 하나의 독립된 협주곡이

될 수 있다고 보여집니다.

2악장으로 넘어가면서 서주부(序奏部)의 조용하고 화려한 현악 제1 테마의 연주가 저를 울컥하게 하더니 3악장까지 끊임없이 연주되는 바이올린의 선율은 저에게 숨막히는 충격을 줍니다. '아, 정말, 이건 인간의 그것이 아니야!'라고 찬탄을 내뱉게 합니다.

쉼 없이 넘어가는 3악장은 첼로를 반주로 하는 바이올린의 G선만의 제1 테마와 오케스트라의 화려한 연주로 웅대한 종결을 맺는데요, 진짜 멋집니다.

Symphony No.5 in C minor, op 67, 'Der Schicksal'
(교향곡 5번 '운명')

제1악장 - Allegro con brio (빠르고 생기 있게)
제2악장 - Andante con moto (아주 느리게)
제3악장 - Allegro (빠르게)
제4악장 - Allegro (빠르게)

〈총 29:21분 소요〉

제가 이 곡 4악장 전체를 다 감상했던 때가 대학 3학년 때였습니다. 제가 이 곡에 얼마나 심취했으며, 또 얼마나 사로잡혔는지는 아마 상상이 안 되실겁니다. 반복해서 거듭거듭 듣다 보니 4악장 전체를 다 암기했었으니까요.

제가 이 곡을 어떻게 받아 들였는지를 한 번 말해 보려 합니다.

현악기 전체와 클라리넷이 함께 포르티시모 (ff, 보다 세게)로 '빠바바바-' 하고 제1 테마인 4음부 곡을 거세게 연주하면서 여운을 남깁니다. 바로 베토벤 자신이 '운명은 이렇게 문을 두드린다.'라고 말했다고 전해지는 그 부분인데요. 이 테마는 1악장 내내 변형되면서 연주됩니다.

어떤 분들은 운명과 싸워 이기는 베토벤의 승리를 나타내었다고 하지만 저는 그렇게 느껴지지 않습니다. 귓병에 시달리면서 육체적으로나 경제적으로 극도의 지독한 고통 속의 그는 운명과 투쟁했다기보다는 오히려 그것과 타협하고 받아들였다는 느낌을 받습니다. 운명에 굴복하는 나약함이나 비관적이며 감상에 젖는 연주는 4악장 전체를 통해 한 점도 보이지 않으니까요. 운명을 환영하며 그것과 함께 동행하는 자세가 4악장 전체를 관통하고 있다고 느껴집니다. 피콜로, 콘트라바순 그리고 트롬본을 교향곡 사상 처음으로 도입하는 등 모든 악기와 음악의 다양한 형식들 (즉 1악장 - 소나타 형식, 2악장 - 변주곡 형식, 3악장 - 복 3부 형식, 4악장 - 소나타 형식) 총동원하여 부드럽게 또는 세게 그리고 약한 또는 강한 주옥같은 테마음악들의 찬란한 향연이 4악장 전체를 지배하게 하면서 지속하여 운명을 환영하는 폭죽이 터지며 환영 퍼레이드가 이어지고 강렬하고 장대한 팡파르가 터집니다. 잠깐의 틈도 불허하면서 숨죽이는 긴장의 연속으로 강렬한 열광의 도가니 속으로 휘몰아 가면서 장대하고 그리고 웅대하며 화려하게 이 곡을 종결합니다.

저는 이 '운명 교향곡'을 일컬어 '만고의 걸작'이며 '전무후무한 대작'이라는 평가에 동의합니다. 그리고 '불후의 영(靈)작'이며 '불멸의 역작'이라고 덧붙입니다.

베토벤은 자신의 온 존재를 이 곡에 던져 넣었다고 하죠. 1, 2악장을 쓴 후 3여 년의 공백을 두고 완성된 해가 1808년이었고 이 교향곡에 '운명'이라는 별칭을 붙인 곳은 일본이라고 합니다.

슈만은 "아무리 들어도 마치 지연현상처럼 존경심과 경탄을 자아낸다. 이 교향곡은 음악의 세계가 계속되는 한 몇 세기를 길이 남을 것이다"라고 했으며 이 곡 연주회에서 연주가 끝난 직후 베를리오즈가 스승 르지와르(Lesueur)에게 묻습니다.
"어떠세요, 선생님?"
르지와르는 "우선 바람을 좀 쐬야겠어. 굉장하군. 모자를 쓰려는데 내 머리가 어디에 붙어 있는지 알 수 없을 정도야. 지금은 더 이상 아무 말도 할 수 없다네. 다음에 얘기하세."
다음, 르지와르는 "그런 음악은 더 이상 작곡되어서는 안 될 거야."
베를리오르가 말합니다.
"물론입니다, 선생님, 다른 사람이 그런 음악을 작곡할 염려는 조금도 없습니다"라고.

Piano Concerto No.5 in E-flat major, op 73, 'Emperor'
(피아노 협주곡 5번 '황제')

제1악장 - Allegro (빠르게)
제2악장 - Adagio un poco mosso (조금 활발한 느린 속도)
제3악장 - Rondo Allegro (빠른 돌림으로)

〈총 40:25분 소요〉

베토벤의 친구로부터 '황제'라는 별칭을 받은 이 곡은 지금까지 단연 피아노 협주곡의 정점을 점하고 있다고 합니다. 1808년 나폴레옹의 오스트리아 함락으로 피폐해질 대로 피폐해진 비엔나의 참상 속에서 쓰인 곡이긴 하지만 곡 전체의 어느 한 군데에도 비굴하거나 슬프하거나 패배감 등의 탄식이나 자폐적인 느낌은 아예 없습니다. 오히려 그 모든 것을 박차고 일어나 위풍당당하게 개선하는 어느 한 장군의 장렬함을 그리고 병사들의 화려한 대 행진을 보여줍니다.

저는 이 곡을 감상함에 있어 작곡자의 작곡 동기 또는 의도와는 전혀 다른, 저만의 상상의 세계를 달려 보려 합니다.

제1악장

장대한 피아노 카덴차로 시작하여 오케스트라와 함께 웅장한 제1테마가 제시되면서 화려하게 펼쳐지는 이 악장에서 - 우주의 생성을 구상하는 神의 구상과 설계도를 그려 보게 됩니다.

제2악장

아주 고요히 그리고 심오하게 흐르는 이 테마는 우리가 잘 아는 영화, 베토벤의 이야기를 쓴 '불멸의 연인'의 배경 음악이기도 한데요. 이 미세한 바이올린의 선율은 강한 흡인력으로 저를 빨아 당겨 영적인 그 어디로 빨려 들어가 지금 당장 이 세상과 결별한다 해도 그 결별 자체를 의식하지 못하는 지경에 까지 이릅니다. 저는 이 악장에서 - 神의 설계도에 따라 은밀하게 진행되고 있는 우주난의 오묘한 질서의 작업을 떠올립니다.

제3악장

솔로 피아노가 건반을 내려칩니다. 심오한 2악장이 천둥으로 나타납니다. 소스라치게 놀라게 됩니다. 그리고 점차 제2 테마가 현의 연주와 함께 피아노의 솔로가, 그리고 론도의 테마가 힘차게 울린 뒤 웅장한 종결을 맺습니다. 저는 이 악장에서 - 굉음과 함께 폭발되는 우주난을 상상하게 되는데요, 이른바 '빅뱅', 우주의 탄생입니다. 뭐라 형용할 수 없는, 기가 막히는, 오묘한 질서로 탄생된 우리의 우주, 우리 인간에게는 아직도 미지의 그것, 그러나 광할하고 광대한 우리의 우주를 그려 보게 됩니다.

* * *

1770년 12월 16일, 라인강 가의 본에서 출생한 Ludwig Van Beethoven (1770-1827)은 고전파 음악에서 낭만파 음악으로 넘어 가는 과정의 가교 역할을 했다고 합니다. 그리고 모짜르트 별세 후의 시대 사조가 그의 전성기를 형성하고 있었다고 하죠.

절망적인 병고와 신체적인 극심한 고통에 시달리면서도 인생을 포기하기는 커녕 누구보다 연인을 갈망하고 부부애를 그리며 살아온 보통의 일반인이었고 또 음악인이었습니다. 저는 베토벤의 이러한 환경이 오히려 그 많은, 빛나는 역작들의 원동력이 되었다고 생각합니다.

그는 1827년 3월 26일. 번개와 천둥이 내려치는 어느 날 57세의 나이로 죽음을 맞았다고 하는데요. 일생을 독신으로 셋방을 전전했던, 그리고 고독한 삶는 살았던 그의 장례식에는 수만의 시민들이 운집했다고 합니다.

현악 4중주곡

저는 여기서 2 작품을 추천하여 좀 얘기해 보려 합니다. 별세 바로 전의 그것들인데요. 현악 4 중주곡입니다. 베토벤는 총 16곡을 썼는데요, 그중 15번과 16번을 택했습니다.

String Quartet No. 15 in A minor, op. 132

(현악 4중주 15번)

제1악장 - Assai sostenuto - Allegro(극히 소리를 충분히 끌면서 음을 유지하되 빠르게)

제2악장 - Allegro ma non tanto (지나치지 않은 빠르기로)

제3악장 - Heilige Dankesang eines Genesenen an die Gottheit, inder lydischen Tonart, Molto adagio. Neue Kraft fuehlend. Andante-Molto adagio - Andante Molto adagio. Mit innigster Empfindung

〈神에게, 회복된 것을 깊이 감사 드림-느리게〉

제4악장 - Alla marcia, assai vivace - Piu allegro-Attaca

(행진곡조로 활기 있게 빠르게. 쉼 없이 다음 악장으로)

제5악장-Allegro appassionato - Presto (열정적으로 빠르게)

〈총 39:02분 소요〉

String Quartet No. 16 in F major, op 135

(현악 4중주 16번)

제1악장 - Allegro (빠르게)

제2악장 - Vivace (활기있게)

제3악장 - Lento assai, cantante e tranquillo(매우 느리게 그리고 고요히)

제4악장 - Der Schwer gefasste Entschluss

Grave, manon troppo tratto (Musses sein?) -

Allegro (Es muss sein!)

(고심과 탄식 끝에 얻어 낸 결론. 꼭 이렇게 되어야 해? -

장중하게, 그리고 맞아, 그렇게 되어야 해! - 빠르게)

〈총 24:29분 소요〉

제가 이 두 곡을 택한 것은,

15번 - 베토벤은 1795년 4월부터 청력, 시력, 류마치스 등으로 극심한 병고에 시달렸다고 합니다. 그러다 병세가 호전되자 그 감사의 마음을 3악장에 (1.2 악장은 이미 써 놓은 상태) 아름다운 선율로 나타내고 있습니다. 1825년 8월에 완성된 이 곡에서 베토벤은 인간의 神에 대한 마땅하고 겸허한 '감사'가 실려 있기 때문이며,

16번 - 1826년 10월에 완성되었으니 타계하기 5개월 전입니다. 그러니까 베토벤 평생의 마지막 작품인 것이죠. 깊은 고심과 탄식 그리고 성찰 끝에 어쩔 수 없는 우리의 죽음을 받아들이고 승복하는 자세가 4악장에 실려 있습니다.

즉, "꼭 이래야 돼?(죽어야만 하는가?)"라고 자문한 뒤 "그래, 그래야 돼!"라고 자답합니다. 늘 죽음을 의식하면서 살아왔던 그의 고투가 결국 神에 대한 승복으로 나타나는, 피할 수 없는 우리 인간의 숙명이 보이기 때문입니다.

악성(樂聖), 베토벤 - 인간 찬가를 드높이 외친 이상주의자. 그는 뜨거운 영혼의 소유자로 음악의 영웅이었으며 필연적인 투쟁으로 운명을 포용하고 경건한 신앙으로 우주적인 인간 존재를 인식한 철학인이기도 했습니다.

그는 또 이미 자신의 삶을 타인을 위한 그것으로 결정지어 셀 수 없는, 불멸의 명작들을 잉태하여 출산한 만고의 대음악가입니다.

저는 감히, 기꺼이 평가합니다.
〈베토벤은 베토벤이다!〉라고.

(제가 참고한 서적들은 예그린 악단 단장을 지낸 박용구 선생님의 5권으로 된 〈세계의 음악〉과 이성삼, 이흥렬의 공저 〈음악감상론〉 그리고 이성삼 선생님의 〈세계 명곡 대사전〉입니다.)

4. 추억들

　두 남녀가 만나 결혼하여 신앙 안에서 가정을 화목하게 꾸려가면서 자녀를 낳아 인류 존속에 기여하면서 하는 일이 타인들과 사회에 긍정적인 영향을 주면서도 자신의 행복 추구의 일환이 되는 삶을 사는 것이 소시민의 보람있는 삶이라고 할 수 있을 것입니다.
자문해 봅니다. '너는?' 답합니다. '그렇지 못합니다'라고요.
인생을 한 번만이라도 다시 살 수 있다면 얼마나 좋겠습니까?
그럼에도 저에게는 소중한 추억들이 있습니다. 산문 또는 시의 형식을 빌어 지난날들을 추억하려 합니다. 세 부문으로 나누어 보겠습니다.

- 초·중 그리고 고교시절
- 고교 그리고 대학 시절
- 남편과의 만남에서 타계까지

저의 고향은 부산입니다. 충청북도 청주가 본적이고요. 우암 송시열(尤庵, 宋時烈) 할아버지의 13대손입니다. 송시열 할아버지가 태어나기 전날 밤 부친 송갑조(宋甲祚) 할아버지께서는 공자가 자택에 온 꿈을 꾸셨다고 합니다.

300여 년이 지난 오늘날 후손으로서 선조 할아버지에 대하여 기술하게 되어 기쁘며 또한 도리라고 생각하여 다음과 같이 간단히 소개드리려 합니다.

송시열 할아버지께서는 효종, 현종 그리고 숙종(조선 17대~19대 왕)에 이르는 동안 재상을 지내셨으며 당장 죽인다고 해도 거짓말을 하거나 절개를 굽히시는 분이 아니셨다고 합니다.

당시 사색당파의 정쟁이 치열하던 중 노론의 수장으로 장희빈을 절대 용인하지 않아 그녀의 아들 왕세자 책봉에 단호히 반대하다가 시찰 중 숙종의 사약을 받고 노상에서 돌아가셨다고 하며

할아버지께서는 1607년(선조 40년)에 태어나 1689년(숙종 15)년에 타계하셨으며 효종 때 북벌정책을 솔선 추진하셨다고 합니다.

그리고 조선의 후기를 이끌어 간 이념과 정치의 방향성을 결정하는 데 가장 큰 영향을 미치신 분으로 평가되며

당시 주 학문인 성리학(性理學)의 대가로 「우암집」 그리고 「송자대전(宋子大典)」 등을 집필, 출간하셨다고 합니다.

할아버지 송재익(宋在益)께서는 일본 명치대를 졸업하신 후 충청도 지방에 학교를 세우시는 등 활동을 하셨고 당시 이북에서 고위 관리를 제의해 왔지만 단번에 거절하셨다고 합니다.

아버지 송문호(宋文鎬)께서는 공업기술고등학교를 졸업하신 후 공장을 두 곳 경영하시면서 무궁화 단추를 제조하셨다고 합니다. 서대신동 2가 집에서 38세의 나이로 아버지가 돌아가실 때 저는 5살이었습니다. 아버지께서는 술을 너무 좋아하셨고 그래서 심장에 탈이 났다고 합니다.
그리고 점심 때는 꼭 부산역 고급 식당에서 식사를 하신 미식가셨고 일년에 한 번씩은 강이 있는 곳으로 휴가를 가시는 멋쟁이셨고 집이 없는 공원들에게는 집도 지어 주셨다고 합니다.

저는 아버지 상여가 나가는 것 등 그때 일을 다 기억하는데요. 외삼촌 집에 뛰어가 아버지의 죽음을 알리고 또 염을 한 집 문에서 '우리 아버지 내놓으라'며 떼를 쓰고 그랬습니다.

서대신동 3가로 이사 왔습니다. 구덕산으로 가는 먼거리 길목이었는데요. 당시 오빠는 서울대학교 문리과 대학에 유학 중이었고 큰 언니는 부산여고를 졸업, 성동 국민학교 교사로 재직하고 있었습니다. 작은 언니는 대신 국민학교 6학년, 저는 1학년, 여동생은 취학 전이었고요.

저의 집은 동네에서 가장 큰 기와집이었고 바로 앞 아래에는 우물이 있었습니다. 동네 사람들은 저희 집을 '부자 과붓집'이라고 불렀다고 합니다. 길 건너에 '구덕 교회'가 있었고 6.25 때 남편을 잃은 아내들과 자녀들이 사는 '다비다 모자원'이 있었고 또 저의 집 위에는 운동장이 꽤 넓었던 '훈성여자중고등학교'도 있었습니다.

저의 어머니 한순금(헬레나, 韓順今)께서는 36세에 홀로 되신 후 참으로 열(熱)과 성(誠)을 다 하셔서 자녀들을 교육하셨고 성장시키셨습니다. 그러신 후 63세로 神의 품에 안기셨습니다.

초·중 그리고 고교시절

- 쑥 캐는 여자 아이
- 물 긷는 여자 아이
- 넘 잼있다
- 우리들의 왕초, 김 문일 오빠
- 월반
- 서울로 전학오다
- 빛나는 졸업장
- 영어시간
- 김 여옥 선생님
- 학예 부장
- 영원한 친구

상황詩

쑥 캐는 여자 아이

구덕산
우리나라 지도같이 생긴 호수가 있다
토끼 한 마리가 그려져 있다

조금 더 올라간다
들판
저 멀리 낙동강이 흐른다
아직 쌀쌀하다

한 아이 작은 칼을 든 채 구부린다
쑥을 한 뿌리 뽑아 소쿠리에 담는다
냉이도 뽑는다
또 뽑아 담는다.

9살 아이 재미있어 한다
누가 시키지 않았다

엄마한테
오늘 저녁
쑥국 해 달라고 해야지

상황詩

물 긷는 여자 아이

구덕산,
쌀쌀하다. 바위도 돌도 많다

바로 집 앞 우물이 있다. 그래도 아이는 산으로 간다

바위틈 사이 쪼끔씩 흐르는 물 반 바가지 떠 물동이에 붓는다

기다린다. 물이 고였다. 또 퍼서 붓는다

아이, 재미있어 한다! 누가 시키지 않았다

작은 물동이 반쯤 찼다.

아이, 따뱅이 머리에 얹는다
숨고른다
번쩍 들어 올린다
성공!

엄마,
내일 단술 만들어 주실 거다

넘 잼 있다

초등학교 입학식
부산 대신 국민학교

손수건 접어 가슴에 달고
신발주머니 손에 든 아동들

일 학년 해 반 중간쯤 줄에 선 여 아동
뒤돌아본다

많은 학부형들
그중 엄마와 눈 마주친다

등에 둘러메는 가죽 책가방을 샀다
국어 산수 사회생활 자연의 새 책들도 그리고
공책 책받침 필통하고 크레용 등 모두 다 샀다

박혜숙이란 짝꿍도 생겼다
이 판석이란 남자 친구도 생겼다

낮잠 자고 일어나 아침인 줄 알고
학교에 간 날도 있다.

상황詩

넘 잼있다

여 아동에게
온통,

새로운 세상이 열렸다

우리들의 왕초, 김문일 오빠

그 동네
다비다 모자원과 여 아동의 집 사이, 큰 행길
동네 남녀 아이들 10여 명이 모여
깡통차기, 말 차기, 무궁화꽃이 피었습니다. 등등…
온갖 놀이를 다 한다
여 아동, 초등학교 1학년, 다른 아이들 대부분 2, 3학년

김문일 왕초, 6학년
그가 모두에게 손으로 쓴 출석표를 만들어 주어
그날그날 출석 체크한다

어느 날
출석표를 잃어버린 여 아동
왕초 오빠, 가차없이 징계 발동

여 아동, 그날 종일 자기 집 앞에서 침울하게
그들이 놀이 하는 걸 부러운 눈초리로
바라만 보고 있었는데

왕초 오빠, 가련히 여겼는지, 징계 정지

상황詩

다음 날 출석표를 만들어 건네주었다

우리들의 왕초, 김문일 오빠, 중학교에 진학하면서 이사갔다

만장일치로 왕초에 추대된 여 아동
전 왕초가 하던대로 조직(?)을 끌어간다.

새로 들어온 7살 여자아이, 이름을 물어보니 '이 갱자'라고
한참 생각한 왕초 여 아동, '이 경자'라고 출석표에 써 주었다

출석표를 받아 쥔 갱자, 흠뻑 좋아한다
다음 날
이 갱자, 왕초 여 아동에게 삶은 감자 1개를 갖다주었다

상황詩

월반

1학년이 지난 겨울 방학

그 여 아동
성적표 모든 과목이 '뛰어남'이다
홀로 된 엄마에게
그 여 아동, 세상에 자랑거리이다

권 경옥 담임 선생님
교원 회의에서
그 여 아동 2학년 없이 3학년으로 올리자고 제의
교장·교감 선생님을 비롯 회의가 열린다
선생님들 모두 동의

서울에서 방학 맞는 오빠가 귀가한다
생과자 한 상자 사가지고

자초지종을 들은 오빠
정상적인 인간 형성에 흠이 생길 수 있다고
과정을 무시할 순 없다고

그 여 아동
순서대로 2학년에 올라간다

상황詩

서울로 전학 오다

그 여 아동, 서울로 전학온다

서울 청구 국민학교 4학년 5반
선생님이 교단에서 전학생을 인사시킨 뒤
엄마, 전학생의 손잡은 채
"너거덜 사우지 말고 잘 놀아래이"
까르르, 60여 명의 남녀 학생들, 웃음 터뜨린다

찐고구마, 꽈리, 연필, 지우개 등등, '이국자'에게 갖다 바치는 여학생들
그녀는 반장이고 여왕이다. 전학생에겐 생소한 장면, '어떻게 이런 일이 있을 수 있는가?'라고 생각한다

2학기 반장 선거
"이 국자가 좋은 학생?" 전학생을 제외한 여학생 일동 손 든다
"임 수홍이 좋은 학생?" 전학생이 번쩍 손들고 남학생 일동 손든다

캐스팅 보우트인 전학생 덕분에 임수홍이 반장이 되었다
전학생, 과연 송시열의 후손답다

이후 전학생에겐 혹독한 시련이 온다
괜히 분단장이 자로 손바닥을 내밀라고 하고 때린다

어린이회 때마다 줄곧 고개 숙인 채 서 있어야 한다. 떠들지도 않았는데 떠들었단다. 아무도 전학생에게 말도 걸지 않는다. 놀아주지도 않는다. 분단장, 김경애, "얘들아 얘가 글쎄 (전학생을 가르키며) 부산이 특별시가 된데"라고 빈정대자 여학생 모두 야유의 웃음을 터뜨린다

전학생에겐 죽을만치 고통의 시간이 흘러간다

일제고사, 전교 1등을 차지한 전학생
분위기가 달라진다
전에 처럼 차거운 눈초리가 아니다

이 국자, 설날 전학생을 초청, 떡국을 함께 먹는다

천장에 달린 형광등이 신기하다

전학생, 그녀의 집에도 형광등이 있었으면 좋겠다고 생각한다

상황詩

빛나는 졸업장

그 전학생
6학년 9반 반장이 되다
68명 중 65명의 지지
하얀 반장 배지를 가슴에 단다

졸업 날
송사… 답사…
교장 선생님 축사… 그리고 이어지는 합창

5학년 학생들
'빛나는 졸업장을 타신 언니께
꽃다발을 한 아름 선사합니다
물려받는 책으로 공부 잘하여…'

6학년 졸업생들
'잘 있거라 아우들아 정든 교실아
선생님 저희들은 물러갑니다…'

5, 6학년 함께
'앞에서 끌어 주고 뒤에서 밀며
우리나라 짊어지고 나갈 우리들

냇물이 바다에서 서로 만나듯
우리들도 이다음에 다시 만나세'

정문섭 담임 선생님
줄지어 앉은 우리 학우들을 하나하나 바라본다
고개 숙인 채 흐느끼는 학우들

우리는 모두 뿔뿔이 헤어진다
중학교 진학을, 더러는 취직을, 더러는 집안일을……

상황詩

영어 시간

중학교 햇 병아리들
서울사대 부중 1학년 5반.

영어 선생님
"우리는 발음기호부터 공부하겠어요" 하신다.

ðis iz ə boi, ðæt is ə gə:rl

서울 대학교 사범대학 고광만 교수님의 제자이시다.
안용희 선생님.

중간 고사를 치른다.

선생님이 시험지를 나눠 주신다.
"송영례 백점. 글씨도 예쁘게 썼네"

선생님은 내 시험지를 여학생 전반에 돌리신다.
그 여 아동, 그 전학생, 송영례, 일약 스타가 됐다.
대다수의 지지를 받아 2학기 반장으로 뽑힌다

우리 학우들은 모두 영어를 잘했다.
발음기호부터 가르치신 수업방식은 성공했다.

고광만 박사님의 우려는 기우였다.

안용희 선생님께서는 1학기를 가르치신 뒤
미국으로 유학 가셨다.

가시면서
'Till we meet again'이라는 노래를 남기셨다.

상황詩

김여옥 선생님

서울 사대부중 2학년
도서반에 들어간다
김 여옥 도서반 담당 교사를 만난다.

〈서신〉
김여옥 선생님께,

선생님, 안녕하신지요? 어디에 계신지요?
선생님의 출신 학교인 이화여자 대학도,
선생님은 첫 부임지인 사대부중도,
교감 선생님으로 은퇴하신 무학여고도,
선생님의 근황을 모른다고 합니다.
이 모자라는 제자가 너무 늦게 선생님을 찾은 거, 용서해 주세요.

도서실 창가로 선생님께서 오셨습니다.
"앞으로 잘 끌어 줄게."
저는 이 말씀을 깊이 간직하지 못했습니다.

제가 영세를 받을 때
흔쾌히 혜화동 성당까지 오셔서
대모님이 되어 주셨습니다.

이후 선생님께서는 수녀원 등 데리고 다니셨습니다.
그리고 대학 때는 후배들을 가르치게 하셔서 제 학비에 도움도 주셨습니다.

선생님, 이 땅에 안 계신 게 아니길 바랍니다.
꼭 뵙고 싶습니다.

못난 제자, 송 영례 올림.

상황詩

학예부장

서울 사대부고 2학년 2학기

그녀는 학생회에 차출된다
학예부장으로
차장은 남학생이다

시 낭송 대회가 열린다
예산이 필요하니
학예부장의 도장을 받아야 하는데

여학생 학예부장?
대회장 남학생, 그녀에게 도장을 받으려니 쪽팔린다며

차장에게 가서 도장을 받아 간다

시 낭송대회는 잘 진행되었다고 한다

학예 부장, 차장을 불러 비난한다
남학생 차장, 아무 말 못한다
지금 생각하니 왜 그랬나 싶다

다음 해고 3

그녀, 총학생회장에 출마
전교 남학생이 180명 더 많은 상황에도
그녀, 60표 차이로 낙선된다

남학생이 당선되었다

상황詩

영원한 친구

중학교 2학년, 사춘기
도서반에 든 그 여학생
한 친구를 만난다

서가 뒤에서 얘기를 주고 받는다
그에게서 풍기는 코티 비누 냄새가 좋았다

소문났다
도서반장이 그를 불러
뺏다를 쳤다고 한다

이들은 가끔씩 만난다
고등학교에 이어 대학에까지

그의 대학도 신촌에 있다
그 대학의 뒷산도 거닐었다

그는 그녀의 졸업식에도 와 주었다 그러나
그의 졸업식에 참석 못한 그녀

지금도 미안한 마음이다

그 친구,
지금 어디에 있는지?

영원한 친구, LSO
어디에든 잘 있었으면
그리고 성공적인 삶을 살았으면 좋겠다

고교 그리고 대학 시절

우리들 대부분은 이 시기에
첫사랑을 만나거나 짝사랑에 또는
아름다운 어떤 사랑으로 열병을 앓습니다.
저도 그랬습니다.

- 어느 고교생들
- 전보
- 연파란 와이셔츠의 남학생
- 배구시합
- 백조의 호수
- 동숭동 그 길
- 기쁜 우리 젊은 날

상황詩

어느 고교생들

한적한 거리
고 3 남학생과 고 1 여학생

만추의 어느 초저녁 낙엽길을 거닌다
낙엽들이 신발 등을 스쳐 흩날려 달아난다

바람이 차다

고향길
새벽의 기차 한 칸

"머리를 이렇게 단정히 안 벗어도 예쁜데…."
하면서
머리카락을 어루만지는 남학생
여고생, 설렌다

기차가 떠나간다
남학생, 창밖으로 손 내밀어 흔든다
여고생, 사라져 가는 기차를 바라보며 서 있다
그 머리카락을 만져 본다

여고생, 지난밤 - 한숨도 못 잤다

상황詩

전보

'축 합격'

낙엽 길을 함께 거닐던 그 남학생이 보낸 전보
그는 이미 그 대학의 1학년생이다

그날 학교로 달려가 게시판의 합격자 명단에서
자신의 이름을 확인한 그녀

들뜬 마음으로 카페테리어에 앉아 있는데
그도 왔다

학교 배지도 샀다

신입생 환영 Festival
아무것도 모르는 Freshman, 그녀를
그가 잘 guide 해 준다

그녀,
축제를 기쁘게 즐겼다

상황詩

연 파란 와이셔츠의 남학생

A 305 강의실

강의를 마친 교수님, 교실을 나간다
학생들, 책 등을 챙겨 하나둘씩 나간다

떨어진 볼펜을 집느라
조금 늦게 나가는 그 여대생

복도, 학생들로 웅성거린다

연 파란 와이셔츠에 검정 바지의 그 남학생과
눈 마주친다

다가간다
뭐라고 말한다
허리 굽혀 귀를 대는 남학생

"날 기다리는 거예요?"
"강의 없어요?"

상황詩

배구 시합

5월의 어느 일요일

여대생
종로5가 버스 정류장
동대문 쪽에서 오는 버스를 기다린다

1번, 홍릉-신촌 간 버스에 오른다
뒤따라 오르는 그 남학생
여대생, 그가 따라 타는지도 모른다

이들, 서로 아무말 않는다

난간을 잡고 섰는 얌전한 여대생
천장 줄을 잡고 선, 웃음 띈 남학생

신촌에서 내리는 그들

함께 걸어 학교로 향하는데
남학생 담배 꺼내 입에 물고 불붙인다

전국 독어독문학과 대항 배구 시합이 열린다

서브할 차례인 그 여대생
공을 들고 어색한 폼을 잡는데

그 남학생, 뒤에서 안타까운 듯 열심히 코치한다
이러라고 타 학과인 그를 초청했나 보다

서브한 공
Net도 넘지 못한다

상황詩

백조의 호수

지그프리드 왕자, 사냥 간다. 내일은 왕자의 성년식이 있다.
한 백조에게 활을 겨누는 순간, 처녀로 변하는 백조, 오데트 공주다.
악마의 마술로 낮에는 백조로 밤에는 사람으로 산다.
순수한 남자의 사랑만이 이 마술을 풀 수 있다.
성년식. 왕자는 오데트 공주를 배필로 선언.
그러나 이 공주는 화신한 악마의 딸.
왕자의 순수함에 흠이 간 것.
절망한 오데트 공주, 호수에 몸 던진다.
지그프리드 왕자도 그녀를 따라 호수에 몸 던진다.
진주조개를 타고 저곳으로 떠나는 지그프리드 왕자와 오데트 공주.(끝)

차이코프스키의 무용조곡, '백조의 호수', 애절한 얘기이다.
영국 Royal 발레단 공연이다.

한 남녀 대학생이 관람하고 있다.
남학생이 차곡차곡 모은 돈으로 관람 Ticket을 산 것.

작품 전체를 은은하게 또는 강렬하게 연주되는
정경(情景, Scene)을 좋아하게 되는 두 학생.

이후 이 정경은 그들의 시그널 곡이 되어
남학생이 여대생 집 앞에서 휫바람으로 불면
여대생, 튀어나오곤 했다.

동숭동 그 길

상황詩

구 서울대 정문에서 혜화동 쪽으로 가노라면
작은 돌다리가 하나 있었다
이 다리는 서울대 뒷길 동숭동으로 이어지는데
두 남녀 대학생은 이 돌다리에서 만나곤 했다

돌다리를 건너 쭉 걸어가면 서울대 뒷길
좁지 않은 골목의, 좌측으로 줄 지어선 주택들
빠져 나오면 충신동 입구
위로는 이화장이 있었고
아랫길에는 구서울 법대 입구가 보였다

거기서 다시 돌아 걷는다
돌다리 근처까지

이런저런 얘기하면서
수 없이 반복한 그 길

그때 그 모습으로
그 길을
다시 걷고 싶다

상황詩

기쁜 우리 젊은 날

여기
한 남녀 대학생이 있다

꽃피는 때, 아리따운 나이
그러나
여대생 그런 줄 모른다

동숭동 그 길, 한적한 저녁
어느 주택 사이의 넓고 막다른 길

남학생, 그녀의 두 손 꼭 잡는다

그리곤

폐부로부터의 뜨거운 진심을 뿜어낸다.

"사랑해!"

여대생, 이 순간이 '기쁜 우리 젊은 날'인지 미처 모른다

수십 년의 세월이 흘러간다

이들은 헤어졌던 것

청춘,
아름다운 것

그리고

그리움이러라

남편과의 만남 그리고 타계까지

- 첫 만남
- 청혼
- 운전 면허증
- 회상
- 버배리코트
- 아침 식사
- 산책

첫 만남

1982년 여름의 어느 날, 점심시간
뉴욕, 퀸즈 잭슨하이츠의 한인 중식 요리집 '아서원' 앞.

여자, 쭈볏쭈볏하며 "아무래도 저, 그냥 집에…"
부동산업을 하는 여사장님, 정색하며 나무란다.
"또 그런다! 그럼, 혼자, 평생 살 거야?!"

여자는 기거할 방은 구하려고 그 여사장님 사무실은 방문했었다.
그런데 여사장님, 그녀에게 친밀감을 가지신 거 같다.

아서원을 들어선다.

저만치, 환한 인상이 한 남자, 반가운 듯 손을 번쩍 들어 보인다.
두 여자, 그의 맞은편에 앉는다.

탕수육 등이 테이블 위에 놓이고 식사를 한다.
자리를 비우는 여사장님.

어색한 분위기…
그래도 남자. 잘 리드한다.
거의 식탁을 비운다.

상황詩

남자, "우리, 롱 아일랜드 해변 좀 거닐까요?"

이날 이후
이들은 매일 만난다.

(1985년, 늦가을. 맨해튼)

상황詩

청혼

그 남녀가 마주 앉은 한 식당
독일인 타운.

맨해튼을 열심히 뒤져
'독일인 타운'을 찾아낸 남자,
독문학을 전공한 여자에게 잘 보이려고 그랬단다.

식사가 끝난다.
샴페인 한 모금 마신 잠시 뒤
"우리, 결혼하면 좋을 거 같은데…"
재혼의 어색함에도 절차를 중시하는 멋진 남자…

이들 결혼한다.
40대 초반의 남자, 30대 후반의 여자,
이들은 서로 초혼의 상처를 뒤로 하고
제2의 인생을 맞이한다.

이들, 남편이 타계하기까지
42년간을 동고동락한다.

이들은 자녀를 두지 않는다.
남자에겐 이미 예쁘고 어린 아들과 딸이 있었다.
여자의 제안을 남자가 받아들인 것.

상황詩

운전 면허증

운전석의 아내, 조수석의 남편
바나나를 먹고 있다.
Yankee Stadium, 비철이라 텅 비어 있다.

잔뜩 긴장한 아내,
두 손으로 핸들 꼭 잡고
오른발 액셀러레이터에 얹은 채
눈은 정면, 조심스레 직진한다.

좀 떨어져 서서 좌회전의 신호를 보내는 남편.
그렇게 하는 아내.

Bronx 운전면허 시험장.
길가, 줄지어 서있는 자동차들 중
한 자동차 안

운전석의 여자, 왼손 핸들에, 오른손으로 'D'에 놓은 뒤
핸들 잡는다. 핸들 돌리면서 뒤를 잠시 본 뒤 백미러를 보곤 하면서
빠져나온다. 점점 속도 내면서 달린다.
조수석의 시험관, 멈추라 한다.
여자, 천천히 속도를 줄여 길가에 주차한다.

능숙한 운전이라 더 진행할 필요가 없다고.
한 코스 돌지도 않고 합격이다.

제자의 합격에 반색하는 남편.

Bronx 운전면허 시험장은 공개된 장소.
이들은 주말마다 여기에 와서 연습을 했었다.
시험지를 미리 받아 본 셈.

이를 부부 합격 자축으로 빨간색 뷰익을 산다.
여자, 처음으로 자기 차를 가져본다.

얼마 후, 운전이 좀 능숙해지자, 캐딜락으로 바꿔 몬다.

그대

그렇게 떠나가도

손으로

붙잡지 못하고

〈예이츠〉

(1989년 뉴욕 Up State 국립공원)

상황詩

회상

남편의 영정 사진이 환히 웃고 있습니다. 그를 회상하려 합니다.

남편은 눈물이 있는 인간적인 사람이었습니다. 그리고 神 앞에 무릎 꿇고 기도하는 사람, 제가 늘 바라왔던 인간상이었습니다.

6남매의 장남으로 동생들의 대학 등록금 등 정성을 다해 부모님들에게 믿음직한 맏아들이었고 아들·딸에겐 최선을 다해 부양한 아버지였습니다. 자녀들은 바르게 자라 대학원을 졸업, 전문직을 가진 어엿한 사회인으로 역할을 잘 해내며 결혼하여 자녀들을 거느리며 잘 살고 있습니다. 그리고 남편은 고아원 등 자선행위도 솔선하는 사람이었습니다.

테너 음성으로 노래도 잘 불렀고 술을 좋아해 몸을 가눌 수 없을 정도로 마셨지만, 실수는 없었습니다.
운동을 좋아해 고등학교 땐 골키퍼로 뛰었고 유머와 위트가 있어 주위 사람들을 즐겁게 했으며 모임에서는 늘 사회를 보곤 했습니다.

남편은 모국영기업체의 총무부장으로 재직하다 도미하여 유대인이 경영하는 미국 굴지의 신발제조업체에서 District Manager로 일하던 중 저를 만났습니다. 일류대학 출신이 아닌 것을 제게 늘 미안해했지만 어디를 보아도 저는 그에게 부족했습니다. 그의 무게추가 더 나갔습니다. 그런데도 저 아니면 안 되겠다고 적극 대시해 온, 솔직하고 열정적인 사람이었습니다. 제가 그를 만난 것은 정말이지 행운이었습니다.

상황詩

버배리 코트

아내는

남편의 버배리코트를 차마 처리할 수 없었습니다.

옷걸이에 다시 걸어 놓습니다.

이 버배리를 입고 안 다닌 곳이 없습니다.

상황詩

아침 식사

쇼팽을 올려놓습니다
남편이 좋아하던 곡
피아노 협주곡 1번

아내는 지금도 아침이 좋습니다
남편도 그랬었습니다

그의 음성이 들립니다
"하나님 감사드립니다!"

"잘 먹겠습니다"도 해야죠
아내가 거듭니다
"감사 속에 다 들어 있는 거야"

식탁
구운 식빵 2쪽씩, 계란 후라이 2 접시 그리고 커피 2잔

그의 자리에 눈 갑니다
만져 봅니다…

식탁 위
식빵 2 쪽, 커피 한 잔…

(1990년 N.Y. Up State 국립공원)

산책

길을 걷습니다
남편과 함께 산책하던 그 길입니다

벤치에 앉습니다
그가 앉았던 그 자리입니다

소리 없이 울어도 목이 아픕니다

눈물이 말합니다
아무것도 해줄 수 없다고

죽음 앞에 인간의 무력함을 절규합니다

소리 없는 절규가 말합니다
아무것도 해줄 수 없다고

다시 걷습니다
곳곳에 남편이 보입니다

아내는 남편의 부재를 체감하고 싶지 않습니다

사무치는 그리움……

우리네 인생은
허망하고 또 허망하고 허망합니다

3부

우리는 모두 어디로 가는가?

(거룩한 붕괴, 죽음)

한 개인의 생명은 전 인류의
생명과 똑같은 가치가 있지 않은가.
개개인은 제각기 이미 하나의 세계인
것이며 이 세계는 그와 더불어
생겨나고 그와 함께 숨 쉰다. 그 어떤
무덤 속에도 하나의 세계사가
잠들고 있는 것이다.

〈하인리히 하이네〉

우리는 모두 어디로 가는가?

숙연해집니다. 죽음을 전제로 하기 때문일 것입니다. 영겁(永劫, eternity)의 속에서 아주 짧디짧은 찰나를 이 땅에 머물다 갑니다. 우리는 모두 어느 날 태어납니다. 우리의 의지와 상관없이. 또 죽습니다. 영원히 살고 싶은데도. 왜 죽을까요? 생물학적으로 이렇다고 합니다. 우리가 질병이라는 과정을 거쳐 죽음에 이를 수밖에 없는 것은 태어나서 늙는 과정에 축적된 찌꺼기(앤트로되)인 당뇨, 고지혈증 그리고 축적 지방 등을 해결할 수 없기 때문이라고 합니다. 종내 병을 얻어 마지막 상전이인 죽음을 맞으면서 이 땅과 영원한 결별을 하게 되는 것입니다.

그러면 이러한 죽음으로 모든 것이 끝나는 것일까요? 그렇다면 너무 억울합니다. 우리 인간은 태어난 이후 열심히 살아왔는데요. 사는 동안 간간이 틈새 기쁨이나 행복에 젖을 때도 있었지만 총체적으로 부질없고 허무한 인생을 끈질기게 살아 내었습니다. 사후세계는 이것에 대한 보상으로 꼭 존재해야만 한다고 생각됩니다.

우주는 아무 계획도 없이 인간을 배출했겠습니까. 그 길고도 긴 138억 년을 작업하여 생산해 낸 인간인데요.

사후(死後)의 세계는 존재하는가? - 죽음이란 사건을 통해 이 땅의 모든 것들과 영원한 결별을 해야 할 운명을 지닌 우리 인간들에게 죽음 이후의 생(生)이 존재하는가의 여부는 지극히 엄숙한 의문이라고 생각합니다. 무한히 생을 누리고 싶은 우리들에게 죽음으로 모든 것이 끝난다고 한다면 지금 우리가 살고 있는 삶은 어떤 의미가 있겠는가입니다. 지구상에 인류가 탄생한 이래 지금까지 셀 수도 없는 많은 사람들이 죽어 이 땅을 떠났지만 돌아와 죽음 이후의 상황을 알려 준 사람은 아직까지 단 한 사람도 없습니다. 그러나 아주 짧은 시간 동안이지만 죽음 이후의 세계를 체험하고 돌아왔다는 임사 체험자(臨死体驗者, near death experiencer)들의 증언을 들어 보면 사후세계가 존재한다는 생각도 가능하지만, 그것들은 망자들의 순간 체험일 뿐 완전한 죽음에는 이르지 않았던 것이 아니겠습니까?

임사 체험자들의 증언 - 10년에 걸쳐 1,300여 명의 죽음 체험자들의 증언을 기록한 「죽음 그 후」는 최초의 사후생(死後生)에 대한 보고서로서 제프리 롱 (Jeffrey Long)과 폴 페리(Paul Perry)의 공저입니다. 이 보고서에 의하면 죽음 체험에서 완전히 동일한 체험은 없었으나 공통적으로 일어난 몇 가지 패턴이 있는데 다음의 12가지가 그것이며 죽음 체험자들은 이 모두를 체험했거나 그 일부를 체험했다고 합니다.

① 유체(遺体, dead body)를 이탈한 의식(영)은 좀 떨어진 거리에서 가족과 의사들이 자신의 몸(유체)을 사이에 두고 대화하는 모습을 보고 있었으며 대화 내용도 다 들었다고 했다. 의식을 회복한 후 그들의 그런 진술 내용은 모두 그 현실 상황과 백 퍼센트 일치했다.

② 그런 후 도저히 설명할 수 없는 감각의 고조를 느꼈으며, 즉 수정같이 맑아져 고향으로 간다는 느낌과 동시에 완전해진 느낌을 가졌다

고 한다.

③ 인간의 언어로는 설명하기 어려운 완전하고 따뜻하며 안전한 소속감의 강렬한 느낌으로 집에 있는 기분이었다.

④ 파도를 타는 것처럼 공중을 날아 터널 입구로 들어가 요람에 있는 것처럼 편안한 가운데 밝은 빛을 보았으며 갈수록 터널은 좁아지고 밝아졌다.

⑤ 터널 끝에는 눈부신 흰 빛이 있었고 그 빛이 자신을 감싸자, 그 빛의 일부가 되었으며 그 빛이 자신을 끌어당겨 부드럽게 어루만지자 눈물이 흘렀다. 처음에는 푸른 빛이었으나 차차 무지갯빛이 도는 흰색의 그 빛은 달아오르긴 해도 강렬하게 밝은 것이 아닌 '순수한 밝음'으로 우리가 보통 쓰는 '순수'의 개념이 아닌, 예전에 본 적이 없는, 도저히 말로 묘사할 수 없는 그런 순수함이었다. 그리고 벽을 통해 등불 속으로 들어갔는데 중앙에 신(神)이라고 느껴지는 거대하고 장엄한 빛이 있었는데 이 빛은 '수백만 개의 태양'처럼 눈 부신 것이었지만 마주 바라보아도 전혀 눈이 아프지 않아 그 빛에 강하게 끌리었으며 가까이 가고 싶었고 그 빛과 하나가 되고 싶은 강한 열망을 느꼈다.

⑥ 다른 존재들에게 둘러싸여 있는데 그들은 마치 내가 알고 있던 존재로 느껴졌고, 또한 마치 오랫동안 헤어져 있다가 다시 만나 사랑과 기쁨을 감추지 못하는, 영원토록 함께 하는 가족이나 오랜 친구 같았다. 사망할 당시 아기였던 자식은 어른이 되어 있었고 자신의 이름을 부를 때 그것이 자식의 목소리임을 느꼈으며 몸은 기류를 타고 아주 빠르게 이동하여 자식을 만났다.

⑦ 사후 세계에서의 시간 관념은 이곳의 현실과는 판이하게 다르다. 현

재 삶의 시간 감각으로는 도저히 판단할 수 없는 것, 즉 과거, 현재, 미래가 연대적으로 흐르는 것이 아니고 그곳에 있는 동안은 과거, 현재, 미래의 모든 시간을 매 순간 체험하는 느낌이었다.

⑧ 삶의 전체가 순식간에 파노라마처럼 펼쳐졌는데 그것은 남들이 자신들에게 한 일이 아니고 자신이 남들에게 한 일로 상처를 준 일 등이었는데 돌릴 수 있다면 돌리고 싶다는 느낌을 가졌다.

⑨ 푸른 하늘과 저 멀리 펼쳐지는 언덕과 온갖 꽃들은 빛으로 충만했는데. 그 빛은 밖에서 빛을 받아 반사하는 빛이 아니고 스스로 내는 빛이었다는 느낌을 받는다.

⑩ 神이라고 느껴지는 그 존재의 눈에서 우주의 모든 비밀이 보였으며 모든 것이 어떻게 움직이는지 알게 된 느낌을 가졌다.

⑪ 어떤 경계를 두고 이쪽은 시간이 천천히 흘렀고 반대쪽은 시간이 빨리 지나 갔다. 음악이 흘러나왔고 안에는 흥겨워하며 잔치를 벌이고 있었는데 그 곳이 자신의 고향이라고 느꼈으며 일단 들어가면 다시 나올 수 없다는 것을 알아 그 경계를 넘어갈 수 없었다. 선택의 여지가 없다는 것도 알았다.

⑫ 이제 자의 또는 타의로 이 세상에 돌아온다는 느낌인데, 그곳에 머물고 싶은 마음이 간절했으나 그럴 수 없다는 느낌에 속상했고 항의도 해 보았으나 결국은 돌려보내어졌다.

이렇게 이 생으로 돌아와 의식을 되 찾은 죽음 체험자들의 현실 생활은 종전의 생활과는 180도 달라진 극적으로 변화된 삶의 양식을, 즉 인간관계를 중시하며 죽음에 대한 공포가 현저히 줄어 들었거나 완전히 없어졌으며 죽음 이후에도 삶이 계속되는 사후의 세계가 존재한다는 것을 강렬히 설파하는 등입니다.

 종양학 의학 박사인 저자는 이들 죽음 체험자들의 진술에서 '신의 사랑', '사후 세계의 존재', '삶의 고통에 대한 용서' 등의 일관성이 있다는 것을 알아내었으며 또한 이들의 체험은 국가나 인종이나 종교와 무관하며 사회적 믿음이나 종교의 가르침이나 책 등 다양한 지식의 출처에서는 언급된 적이 없는 내용으로 우리 인류는 궁극적으로 하나의 영의 끈으로 묶어져 있음을 보여주었다고 합니다.

 허수 세계 - 저는 여기서 허수 타임이 존재하는 허수세계(虛數世界, Imaginary Time)에 대해 생각해 보려 합니다. 이제 우리가 알고 있듯이 허수 시간에서는 실수(현생) 시간에서는 도저히 발생 불가능한 사건들이 실수 시간에서의 보통의 사건처럼 일어난다는 것이죠. 그렇다면 죽음 체험자들이 경험한 일련의 사건으로 보아 사후세계는 일종의 허수타임이 존재하는 허수의 세계일 수도 있겠다는 생각을 하게 됩니다. 죽음 체험자들은 죽은 후 그 어디에서 (허수세계)실수 세계(実數世界, Real Time)의 5-10분이라는 시간 동안 온 인생을 돌아보는 체험을 하고 돌아왔습니다. 허수세계란 어쩌면 시간이 존재하지 않는 어떤 공간일 수도 있겠다는 생각도 해 봅니다.

 「죽음 그 후」의 저자는 철두철미 과학적인 사고로 죽음 체험자들의 진술에 임했다고 합니다. 죽어 실제로 그 세계를 체험하고 돌아온 그들의 증언이야 말로 fact로 진실된 과학적 증명이 아닐까요?
 의학적인 사망 선고를 받고 이 땅을 떠난 영들이 다시 몸으로 돌아와 의

식을 되찾는 일이 왜 일어날까요? 그것은 단순하며 또한 아주 중요하다고 생각됩니다. 즉, 인류에게는 사후의 세계가 존재한다는 엄숙한 진실을 알려 주기 위한 神의 배려라고 생각합니다.

초끈 이론 - 빅뱅 우주론의 밑받침은 중력(일반상대성이론)과 양자 역학인데 우주의 생성기원은 하나여야 된다는 관점에서 이 두 힘을 하나로 통합하는 연구가 스티븐 호킹 박사 등에 의해 진행되고 있었으나 이 두 힘은 물과 기름 같아서 많은 무리가 있다고 합니다. 이런 가운데 최근 30, 40여 년 전부터 새로운 우주론이 등장했는데, 바로 초끈이론(Superstring Theory)이라고 하는 다중 우주론 (Multiverse Theory)입니다. 이 이론이 완성되면 일반상대성이론과 양자역학은 자연스러이 통합될 수 있다고 합니다. 이 이론을 '막(膜) 이론'이라고도 하는데 이것은 세포를 둘러싸고 있는 생물체의 여러 기관 간의 경계를 이루는 얇은 꺼풀(막)이 있는 것처럼 초끈 이론이 주장하는 10,500개의 우주도 각기 막으로 둘러싸여 있다고 해서 붙혀진 용어로 영어의 membrane에 해당하여 'M 이론'이라고도 한답니다.

초끈 이론이란 만물을 구성하는 입자들이 1차원의 끈으로 이루어졌다는 가정하에 성립된 물리학 이론으로 자연의 모든 힘과 입자들을 하나의 수학 체계로 통일할 수 있다는 우주론입니다. 우리는 지금 3차원의 공간에서 1차원의 시간으로 이루어진 4차원의 시공간에서 살고 있다고 알고 있으나 초끈 이론의 우주 공간은 11차원으로 되어 있습니다. 이 이론의 단위는 membrane을 줄인 brane, 브레인이며 0-브레인은 점을, 1-브레인은 끈을, 2-브레인은 면을…. 이런 식으로 차원을 늘려 나가는 것이라고 합니다.

이 초끈 이론에 의하면 10,500개의 우주가 가능한데요, 각 우주는 다른 생존 원리를 가진 진공이며 이 진공들은 각기 다른 새로운 세계가 될 수 있다는 것입니다. 그중 하나가 우리의 우주로 전자기파가 꽉찬 진공의 원시난 속에 입자와 반입자가 끊임없이 쌍생성과 쌍소멸을 반복하여 단 100분의 1초도 조용할 날이 없는 이 양자적 사건들 중 하나가 자발적으로 팽창하여 대폭발을 하면서 우리의 우주가 탄생되었고 이 우주는 인플레이션을 일으킴으로 엄청나게 커져 관측 가능한 세계를 벗어나면서 우주는 균일하고 매끈하게 되어 어느 곳에서나 동일한 물리법칙이 적용되는 우리의 우주가 탄생되었다는 것입니다. 그리고 우리 인간은 인간이란 생명체에 적합한 이 우리의 우주에서 생성된 것이고요.

10,500개의 우주들을 각기 다른 물리 법칙이 적용된다고 합니다. 즉 클 수도 작을 수도, 흥미로울 수도 지루할 수도, 영원히 오랫동안 유지될 수도 단명할 수도, 생존하고 있을 수도 죽었을 수도, 생명체가 존재할 수도 그 반대일 수도 있는, 서로 각기 다른 물리적 상태에서 존재할 것이고 또한 여러 개의 우주들이 하나의 빅뱅 이후 각기 다른 시대에 존재할 수도 있는, 말 그대로 별의별 우주가 다 가능하다고 생각합니다.

이 초끈 이론이 주장하는 11차원이 다 발견되어 검증이 된다면, 이것은 천체 물리학 및 소립자 물리학의 정점에 서게 될 것이며 코페르니쿠스가 지구 중심적 우주관을 뿌리째 흔들어 태양 중심의 우주관으로 옮겨 놓은 것 같이 이 초끈 이론은 그것에 견줄만한 혁명적 우주관이 될 것이라고 합니다. 아직 증명되지는 않았지만, 많은 학자들의 예측과 검증을 통해 이 이론이 옳다는 심증을 가지고 있다고 합니다.

'우리는 모두 어디로 가는가?'의 이 명제는 사후세계의 존재 여부와 맞

닿아 있다고 봅니다. 사후세계는 존재할까요? 저는 존재한다고 봅니다. 그렇다면 그 사후세계란 어디에 있으며 또 그곳에서의 생존 방식은 어떠할까요?

'모릅니다'가 정답일 것입니다. 그러나 임사 체험자들의 증언이나 허수세계의 존재 그리고 초끈 이론 등으로 미루어 적어도 추측할 수는 있지 않을까요? 저는 다음과 같이 한번 추측해 보려 합니다.

우리는 모두 이 땅에서 죽음, 거룩한 붕괴의 과정을 거쳐 육체를 벗고 영(靈, spirit)의 존재로 상전이 함므로써, 비로소 물질을 탈피하여 사라지지 않는 존재로 이 땅에서의 삶을 끝내게 됩니다.

그 영은 어느 찰나에 이미 허수세계로 옮겨졌을 것이고 거기서 우리가 앞서 임사 체험자들이 증언한 또는 그 이상의 어떤 또는 그와는 다른, 우리가 알 수 없는 그 어떤 체험을 하게 될 것이라 봅니다. 이곳, 허수세계란 완전한 죽음에 이르는 전 단계의 어떤 곳이라 보여집니다. 임사 체험자들은 모두 이곳에서 이세상으로 다시 돌아왔으니까요. 그렇다면 허수세계란 대체 어디를 가리키는 것일까요? 아마도 우리의 우주 바깥의 그 어디가 아닐까요!

그렇다면 완전한 죽음을 맞이한 영들의 사후세계는 어디 있겠습니까? 아마도 초끈 이론의 10,499개의 우주 중 어느 한 곳이 아닐지요. 영들은 순간적으로 이미 그 어느 한 우주로 옮겨져 있을 것이 아니겠습니까. 별의 별 형태의 우주 10,499개. 따뜻하고 포근한 곳, 시원하고 상쾌한 곳, 빛이 찬란하고 음악이 울려 퍼지는 곳, 재미있는 곳, 매일 잔치가 벌어지는 곳, 이들 하나 또는 2개 이상 또는 이 모두가 합쳐져 있는 그 어느 우주로.

반대로 지루한 곳, 깜깜하고 무서운 곳, 차갑고 음침한 곳도 있을 수 있다면 우리의 영들은 이런 곳으로는 옮겨지지 않을 것이라고 생각합니다. 차라리 깊고 영원한 잠 속에 있을 것이라고 생각합니다.

영원한 생존 방식 - 그렇다면 이렇게 10,499개의 우주 중 한 우주로 옮기어진 우리 영들은 어떤 방식으로 삶을 누릴까요? 임사 체험자들의 증언을 믿는다면 그곳의 삶은 영원한 빛, 神을 중심으로 한 영화로운, 열락의 삶이라고 믿어집니다.

재미있는 상상 - 그럼 우리 영들에게 이 이후의 세계가 또 있을 수 있을까요? 훨씬 더 영화로운 그 어디가?

종시(終詩)

거룩한 붕괴

그날은 오는가
정녕
오고야 말 것인가

아득히 멀어
도무지 올 것 같지 않았던 그날
다가온다

뇌의 작용이 끝난다
호흡이 정지된다
혈액순환이 멈춘다.
의식이 단절된다

그날이 온 것.

어디로 가는가

수정같이 맑아진다

자유로이 날아간다.

찬란한 빛,
거대하고 장엄하다

눈이 부시다
그래도
눈이 아프지 않다

神으로 느껴진다
영화롭다
그 존재의 눈에서
우주의 모든 비밀을 본다

분리된 것
살려고 죽어진 것
육체를 벗고 영으로

영원히 존재하는 영으로

붕괴,
거룩한 붕괴

만일 우리의 눈이 태양을 담지 않았다면
눈은 태양을 볼 수 없을 것이다.
그와 마찬가지로 만일 우리의 내부에
신의 힘이 없다면 어찌 신적인 것이
우리를 환희시킬 수 있을 것인가.

〈괴테〉

맺음말

더러 우리의 인생을 '나그네 길'에 비유합니다. 그리고 천상병 시인은 우리의 삶을 '소풍'이라고 했습니다. 둘다 수긍이 가는 비유라고 봅니다. 살아가는 동안 방황하게 마련이니 나그네일 것이고 간간이 즐거움도 있으니 소풍이기도 할 것입니다.

우리 가곡 중 김말봉 작사, 금수현 작곡의 「그네」 1절 가사, '세모시 옥색 치마 금박 물린 저 댕기가 창공을 차고 나가 구름 속에 나부낀다. 제비도 놀란 양 나래 쉬고 보더라'에서 '제비도 놀란 양'에 주목해 보려 합니다. 제비는 구름 속에 나부끼는 금박댕기를 보곤 화들짝 놀라 날개를 접고 그 것을 바라본다는 것인데 제비는 금박댕기의 아름다움과 신기함에 감동했을 거라는 생각을 해 봅니다. 그러면 이 지구상에 소풍 온 나그네는 무엇에 놀라 감동할 수 있을까요?

또 무엇에 감동해야 할까요?

바로 우리 인류의 집, 우주가 아닐까요?

오늘날의 원자론적 세계관은 고대 그리스인들이 기본 물질로 본 흙, 불, 물 그리고 공기에서 발전되어 지금의 21세기를 지배하고 있는 '빅뱅 우주론'이 도출되었다고 합니다. 우리의 우주는 '빅뱅'이라는 어마어마하고 거대한 폭발음을 터뜨리면서 탄생되어 시공간을 형성해 나갔고 너무 뜨거워 아무것도 존재할 수 없었으며 복사만이 난무했던 초기를 지나면서 온도가 내려감에 따라 비로소 원자와 분자들이 형성된 이래 138억 년이 지나는 동안 은하와 별 등의 천체를 만들어 내었으며 종국에 우리 인류를 생성, 출현시켰습니다.

우주론은 은하나 별 등의 천체를 다루는 거시과학에 물질의 기본입자인 원자를 다루는 미시 소립자 과학을 포함합니다. 과학자들은 우주론 연구에 있어서 지구를 지배하는 물리 법칙이 우주에도 똑같이 적용된다는 가정하에 연구를 진행하고 있다고 합니다. 그러나 우주에는 지구의 물리 법칙을 적용할 수 없는 많은 영역도 있을 수 있어 그만큼 관측이 중요시되지만, 광활한 우주를 관측한다는 것은 우리 인간에게 한계가 따를 수밖에 없다고 합니다. 그럼에도 우주론 연구에 있어 우리 인간의 유일한 무기는 관측과 추측일 수밖에 없을 것입니다. 따라서 오늘날 우리가 우주에 관하여 알고 있다는 것이 '진실'인지 그리고 그것이 '진실'이라 해도 얼마만큼의 '진실'을 알고 있는지는 의문이라고 합니다. 어쩌면 코끼리 코의 일부만을 만지고 있을 수도 있다고 합니다.

아인슈타인은 1929년 인터뷰에서 다음과 같이 말했다고 합니다.

'우리가 지금 처해 있는 입장은 대규모 도서관에 방금 발을 들여놓은 어린아이와 다른 것이 없습니다. 도서관은 여러 가지 언어로 쓰인 책들로 가득 차 있습니다. 이 어린이는 누군가가 이 책을 썼다는 것은 알고 있지만, 이 책이 어떻게 해서 지금 이 자리에 꽂혀 있는지는 전혀 알지 못합니다. 책에 쓰여 있는 언어를 이해하지 못하기 때문에 책의 내용을 전혀 알지 못합니다. 어린이는 책 배열에 신비한 질서가 있을 것이라 짐작하지만, 정작 그것이 무엇인지는 모릅니다.

　가장 지능이 뛰어난 인간이 하느님을 상정할 때에 그 사람의 처지는 지금 이 어린아이와 다를 것이 없습니다. 우리는 이 우주가 놀라운 구조를 지녔고 또한 특정한 법칙을 따르고 있다는 것을 알고 있습니다. 그러나 우리가 이해하고 있는 우주의 법칙이란 그저 무엇을 암시하는 수준입니다. 한계가 있는 인간의 지성으로는 별들을 움직이는 우주의 신비한 힘들을 파악할 수 없기 때문입니다.'

이 인터뷰에서 아인슈타인은 도서관 서가에 배열된 책들을 각기 다른 조직과 체계를 지닌 우주 만물에 비유했고 책의 내용이나 책 자체를, 서가에 꽂혀 있다는, 즉 만물이 존재하고 있다는 것 외에, 그리고 놀라운 구조와 특정한 법칙을 따르고 있다는 것 외에 아무것도 알 수 없는 인간 지능의 한계를 지적하면서 우주 및 만물을 생성했고 또 움직이는 객관적 실재(実在)로, 완전한 지능을 소유한 '神'을 상정하고 있음을 알 수 있습니다. 이러한 그의 세계관은 "나는 神이 세계를 어떻게 창조했는지 알고 싶다. 나는 그의 생각을 알고 싶다."라고 말한 것에서도 여실히 드러나고 있다고 봅니다.
누구보다도 세계를 이성적(理性的)으로 설명하려고 노력한 그도 결국에 가서는 神의 존재를 인정하지 않을 수 없음을 고백하고 있음을 알 수 있습니다.

＊
＊　＊

　저에게 우주는 존재 그 자체로 생명이며 장엄한 신비와 오묘한 질서로 이해되어 집니다. 이러한 우주는 신(神)의 표상으로 쪼개어 분석되어질 대상은 아니라고 봅니다. 아무리 쪼개고 쪼개어 분석한다 한들 그 신묘막측한 질서 그 아주 작은 일부분이라도 알아낼 수 있겠습니까. 우리의 우주는 인류에게 영원한 미지의 질서로 남을 수밖에 없다고 봅니다. 인간은 한계를 가진 존재로 생성되었다고 보니까요.

저는 짙푸른 밤하늘에 총총이 반짝이는 별들 그 뒤에 감추어진 질서의, 우리가 알 수 없는 그것의 신비함에 무한한 감동을 간직합니다. 그리고 이 순간에도 저는 우주 속에 은밀히 흐르고 있는 궁극의 존재, 神의 숨결을 듣습니다.

'내가 새벽 날개를 치며 바다 끝에 가서 거할지라도 곧 거기서도 주의 손이 나를 인도하시며 주의 오른손이 나를 붙드시리이다'
(시편 139편 9-10절)

아멘, 아멘,

사랑은 날개를 가진다

2025년 11월 17일 초판 발행

저　자 | 송영례
발행인 | 박찬우
발행처 | 파랑새미디어
등록번호 | 제313-2006-000085호

서울특별시 마포구 서교동 357-1 서교프라자 318
전　화 | 02-333-8311

정가 18,000원
ISBN 979-11-5721-212-5 (03810)

이 출판물은 저작권법에 의해 보호 받는 저작물이므로
무단 복제할 수 없습니다. 잘못된 책은 교환해 드립니다.